Lena Li Müller, Thomas Müller, Herbert Schiffels

Kreativ Musik unterrichten mit

Arbeitsblätter zum Musiklernen,
Klassenmusizieren, Singen und Begleiten
in der Sekundarstufe I

Ideen für selbstständiges Lernen

HELBLING

Innsbruck • Esslingen • Bern-Belp

Inhalt

Einleitung

Singen und Musizieren in allen Jahrgangsstufen ist zentraler Bestandteil des modernen Musikunterrichts. Doch wie erreicht man trotz geringer Wochenstundenzahl ein nachhaltiges Ergebnis, das die innere Tonvorstellung mit kreativen Prozessen verbindet? Dazu hat sich der Freiburger Schulmusiker Herbert Schiffels ausführlich Gedanken gemacht und auf Basis der Solmisation die App *tabDo!* entwickelt, deren Verwendung er in seinem Buch „*tabDo!* – mit Melodien spielen" (HELBLING, 2021) sehr differenziert beschreibt.

Die Vorteile für den kreativen Musikunterricht mit der App *tabDo!*

- Die App ist grundsätzlich in allen Alters- und Jahrgangsstufen einsetzbar.
- Sie ermöglicht ein individuelles Lerntempo in unterschiedlichen Sozialformen.
- Sie erleichtert ruhiges Klassenmusizieren und Singen sowie kreative Prozesse.
- Durch die Verwendung von Solmisationssilben auf *tabDo!* ist voraussetzungsloses Musizieren möglich (zur Solmisationsmethode siehe Absatz unten).
- Das Klassenmusizieren kann mithilfe der App digital vorgeübt und später auf analoge Instrumente übertragen werden.
- Mit der App als Feedback-Gerät wird die Entwicklung einer inneren Tonvorstellung unterstützt.
- Durch den Einsatz der App entwickeln die Schülerinnen und Schüler Fähigkeiten, um intuitiv, aktiv, produktiv und selbstreguliert zu lernen.
- Die App entlastet die Lehrperson im Einzel- und Klassenunterricht: Für das Musizieren ist kein zeitaufwendiges Auf- und Abbauen von Instrumenten notwendig. Darüber hinaus kann durch das Verwenden der App als Instrumentenersatz die Lautstärkebelastung erheblich gemindert werden.
- Der einfache Aufbau der App ermöglicht die Reduktion auf Wesentliches (Fokussierung auf die Melodie) und vermeidet Ablenkungen (keine Überfülle an App-Funktionen).

Das vorliegende Heft soll den Gebrauch von *tabDo!* insofern erleichtern, als für verschiedene Themen konkrete Arbeitsblätter vorgelegt werden, die den sofortigen Einsatz im Musikunterricht ermöglichen. Die Gliederung in Themenbereiche bietet eine rasche Orientierung, wobei jeder Themenbereich unterschiedliche Aspekte und Schwierigkeitsstufen aufweist. So kann die App bereits im Anfangsunterricht der 5. Klasse, aber auch in höheren Klassen verwendet werden.

Grundidee ist, die Lernenden mithilfe der App und der Arbeitsblätter an selbstständiges und selbsttätiges Lernen zu gewöhnen – einerseits, um die Lehrperson zu entlasten, andererseits aber auch, um den Ansprüchen des Lehrplans in Bezug auf Kompetenzorientierung gerecht zu werden und gleichzeitig kreative Prozesse einzuleiten, die in einer großen Gruppe in dieser Intensität gar nicht möglich wären.

Die Methode „Solmisation"

Hinter den von Guido von Arezzo um 1020 „erfundenen" Solmisationssilben steht die Erkenntnis, dass sich an Melodien nichts Wesentliches ändert, wenn man sie in verschiedenen Tonarten singt. Denn die Tonleitern in Dur und Moll sind immer gleich aufgebaut, und die Halb- bzw. Ganztonschritte sind immer an der gleichen Stufe der Tonleiter positioniert. Deshalb werden die Töne der Hörwahrnehmung entsprechend immer mit den gleichen Namen benannt. Egal auf welchem Ton die Durtonleiter beginnt, der Grundton heißt immer Do, und der Grundton einer Molltonleiter heißt immer La.

Zur Veranschaulichung und zur Memorierung der Töne verwendete Guido von Arezzo die Hand, in der jedem Ton eine feste Position zugeordnet war. In reduzierter Form dient diese Guidonische Hand auf *tabDo!* dazu, einen nachhaltigen Aufbau der inneren Tonvorstellung zu fördern.

Die Großen Handzeichen versus Guidonische Hand

Die Methode der Positionierung der Töne in die Hand und auch die Methode der Handzeichen nach Kodály unterstützen durch haptische und körperliche Aktionen den Zugang zur Welt der Töne.
Die Erfahrung zeigt, dass die Lernenden gut mit beiden Methoden parallel arbeiten können, v. a., wenn zunächst über die Arbeit mit der Hand die Tonvorstellung (der Tonort) gefestigt wurde. Die großen Handzeichen nach Kodály bieten sich vor allem beim Singen in der Gruppe oder Klasse oder beim Einsingen an. Für die Verwendung der App *tabDo!* und den Gebrauch dieses Hefts sind sie nicht erforderlich. Zum Improvisieren und Erfinden kleiner Melodien eignet sich die Guidonische Hand.

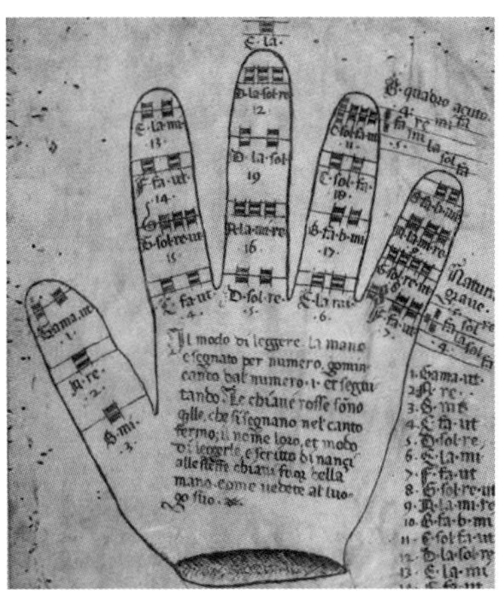

Die Guidonische Hand

Vergleich Guidonische Hand <=> Große Handzeichen

	Guidonische Hand nach Guido von Arezzo (Hand-Bildschirm auf *tabDo!*)	**Große Handzeichen** nach Zoltán Kodály
	Do, Ti, La, So, Fa, Mi, Re, Do, Ti, La, So	Do Ti La So Fa Mi Re Do
	für individuellen Übeprozess/Partnerarbeit	für größere Gruppen (Chor, Klasse)
Vorteile	immer verfügbar, unauffällig	aus größerer Entfernung sichtbar
	Töne haben festen Tonort in der Hand	Richtung der Halbtonschritte Fa und Ti ist durch die Handzeichen der Finger einprägsam dargestellt
Nachteile	für praktische Chorarbeit weniger geeignet (z. B. große Entfernung)	bei hohem Tempo für manche Lernende kompliziert
		Töne haben keinen festen Tonort

Einleitung

Zum Material

Grundlage für die Bearbeitung der Arbeitsblätter ist, dass die Klasse über genügend Tablets für Einzelarbeit oder die Arbeit zu zweit verfügt, auf denen die App *tabDo!* installiert ist. Genauere Informationen zur Installation und Bedienung der App finden Sie auf Seite 7–9.

Die Arbeitsblätter

- Die Arbeitsblätter im Heft können zusätzlich über den Downloadbereich (Zugriff siehe Umschlag vorne) ausgedruckt und kopiert werden. Im Downloadbereich stehen sie nicht nur als PDF, sondern auch als Word-Datei zur Verfügung. Diese editierbare Version bietet die Möglichkeit, Aufgaben zu modifizieren oder zu löschen, ebenso wie Lieder und Stücke mühelos durch aktuell in der Klasse erlernte Musikstücke auszutauschen.
- Die Arbeitsblätter sind thematisch geordnet und unabhängig voneinander bearbeitbar. Je nach Thema des Unterrichts dienen sie als zusätzliches Übungsmaterial zur Vertiefung und Festigung.
- Auf den Arbeitsblättern sind jeweils genaue Angaben zur Einstellung der App vermerkt, die für die Bearbeitung der Aufgaben wichtig sind (Bildschirm, Instrument, Position des Do). Manchmal werden mehrere Bildschirme zur Auswahl angegeben, damit die Lernenden den für sie favorisierten verwenden können.
- Die Arbeitsblätter können unabhängig von jedem Lehrwerk eingesetzt werden.
- Die Aufgaben eignen sich für Einzel- oder Partnerarbeit. An einigen Stellen wird das Arbeiten in der Gruppe empfohlen.

- Um ein selbstgesteuertes Lernen und Ausprobieren zu ermöglichen, gibt es an jeder Aufgabe sogenannte „Erledigt"-Buttons, die die Lernenden nach der Bearbeitung abhaken sollen.
  So kann die Lehrperson nachvollziehen, welche Aufgaben bereits erfolgreich bewältigt wurden. Beim Gang durch die Klasse kann sie Hilfen anbieten oder sich einzelne Ergebnisse vorsingen oder -spielen lassen. Die Erfahrung zeigt, dass die Schülerinnen und Schüler zu Beginn noch eine engmaschige Betreuung brauchen, sich aber mit der Zeit immer mehr an die Vorteile des selbstständigen Lernens gewöhnen. Daher empfiehlt es sich, zu Beginn maximal zwei Aufgaben hintereinander bearbeiten zu lassen, bevor eine gemeinsame Besprechung der Ergebnisse folgt.
- Nicht alle Arbeitsblätter sind für eine Schulstunde von 45 Minuten konzipiert. Die Zeitplanung ist abhängig vom Leistungsstand der Lernenden und der Frage, ob auch andere Lerninhalte in der Stunde stattfinden sollen. Außerdem ist es manchmal sinnvoll, den Kreativprozess für eine Ergänzung mit musiktheoretischen Inhalten zu unterbrechen. So kann z. B. ergänzend zum Arbeitsblatt 4 „Rhythmen vertonen: Rhythmusuhr" das Thema „Notenwerte" behandelt werden.
- Die Methode, bekannte Lieder und Musikstücke (wie z. B. „Happy Birthday" oder das „Te Deum" von M.-A. Charpentier) wiederholt und in immer neuen Kontexten zu beleuchten (Melodie nachbauen, umbauen oder darüber improvisieren), hilft, dass die Schülerinnen und Schüler durch die vertraute Melodik immer sicherer in der Bearbeitung der Aufgabenstellungen werden, was sich erfolgsversprechend auf die Ergebnisse auswirkt. Zudem wird die innere Tonvorstellung durch unterschiedliche Herangehensweisen an das gleiche Stück gefestigt.

Der Lösungsteil

Zu jedem Arbeitsblatt gibt es hinten im Heft Lösungen und Hinweise. Oftmals werden zusätzlich kleine Klaviersätze zu den Melodien bzw. weiterführende Arbeitsaufträge angeboten.

Die Videos / Tutorials

Zur Arbeitsweise mit *tabDo!* und den Arbeitsblättern finden Sie auf der HELBLING e-zone (Zugriff siehe Umschlag vorne) kurze Videos direkt aus der Klassensituation, die die pädagogische Arbeit im Unterricht veranschaulichen:

- Regeln in der Klasse bei der Arbeit mit Tablets
- Die App *tabDo!* als Werkzeug im Lernzirkel (zu AB 4 und 7)
- Solmisation: Singen mit Großen Handzeichen und Guidonischer Hand
- Singen mit *tabDo!* als Feedback-Gerät (zu AB 28)
- Basslinie und Improvisation von Zwischenspielen mit *tabDo!* (zu AB 30)
- Erarbeitung einer Melodie mit *tabDo!* (zu AB 1)

Die App *tabDo!*

Kurze Einführung in die App

Beim Öffnen der App *tabDo!* auf dem Tablet erscheinen drei Symbole für verschiedene Bildschirme:

 Hand-Bildschirm

 Tonleiter-Bildschirm

 Noten-Bildschirm

 Durch Anklicken eines der Bildschirme erscheint rechts oben ein Zahnrad, durch welches verschiedene Levels oder Instrumente ausgewählt und mit dem Häkchen bestätigt werden können.

 Das Home-Symbol auf der linken Seite oben führt zurück zur Startseite.

 Auf der Startseite befindet sich in der linken oberen Ecke ein „i".
Hier wird ausführlich erklärt, wie die App aufgebaut ist.

In der App gibt es eine deutsche und eine englische Darstellung der Notennamen (wählbar auf dem Start-Bildschirm, mithilfe der Fahnen rechts oben). Bei der englischen Darstellung wird statt des H ein B angezeigt und statt des B ein Bb. Alle anderen Notennamen haben die internationale Schreibweise, sowohl auf der deutschen als auch auf der englischen Darstellung:

Fis = F#	Es = Eb
Dis = D#	As = Ab
usw.	usw.

Einleitung

Wichtige Hinweise für die Arbeit mit der App *tabDo!*

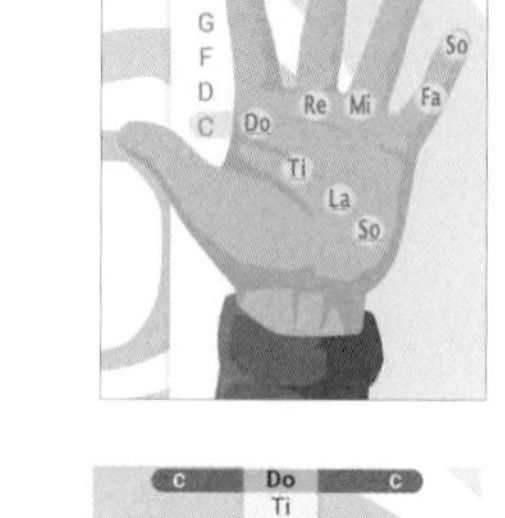

- Unterstrichene Silben: Um anzuzeigen, ob eine Melodie nach oben oder unten geht, bzw. welches Do auf dem Bildschirm gemeint ist, werden die Solmisationssilben auf den Arbeitsblättern oftmals (nicht bei Noten im Fünfliniensystem) mit Unterstrichen versehen (z. B. Do = tiefes Do), die die Unterscheidung sichtbar machen. Auf dem Hand-Bildschirm auf *tabDo!* sind diese Unterstriche ebenfalls zu sehen.

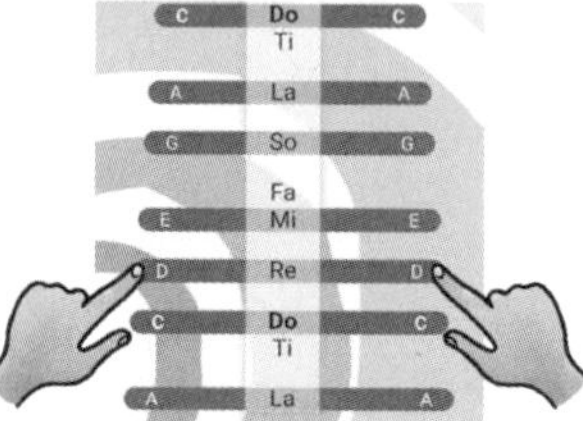

- Besonders für Partnerarbeit, aber auch für Zusammenspiel und abwechselndes Spiel eignet sich der Tonleiter-Bildschirm, da die Schülerinnen und Schüler jeweils gegenübersitzend rechts und links der Leiste auf die Töne tippen können.
- Beim Tonleiter-Bildschirm und beim Noten-Bildschirm sind Klavier, Xylofon und Bassklang möglich.

Aus Reduktionsgründen auf das Wesentliche kann beim Hand-Bildschirm nur das Klavier eingestellt werden. Das verhindert, dass die Lernenden unnötig abgelenkt werden.

Ankündigung beim Elternabend

Wir empfehlen beim Elternabend der 5. Klassen die Eltern auf die bevorstehende Arbeit mit der App vorzubereiten und die Vorteile dieser Arbeit (siehe Seite 4 in der Einleitung) zu benennen. Das erhöht die Akzeptanz der Verwendung digitaler Geräte im Unterricht. Darüber hinaus werden die Eltern motiviert, die App evtl. auch auf heimischen Geräten zu Übezwecken zu installieren.

Geeignet ist auch ein vorab verfasster Elternbrief mit z. B. folgendem Text:

„Im Musikunterricht wird im Laufe der nächsten Zeit mit der App *tabDo!* gearbeitet. Diese ist auf den Schul-Tablets installiert. Um das Singen und Musizieren mit der App auch daheim zu ermöglichen, wird der Kauf dieser App für ein digitales Endgerät, z. B. ihres Kindes oder innerhalb des Familienverbundes empfohlen.
Die App *tabDo!* des HELBLING Verlags ist preisgünstig und bietet die Möglichkeit das musikalische Training aus der Schule auch zu Hause zu wiederholen und dadurch nachhaltiges Lernen zu ermöglichen."

Kauf und Installation

Die App gibt es in zwei Versionen:

Als Online-Version in 4 Lizenzmodellen

- Einzellizenz (Dauerlizenz)
- Schullizenz* bis zu 16 User
- Schullizenz* bis zu 32 User
- Schullizenz* bis zu 50 User

Für den App-Einsatz ist eine stabile Internetverbindung nötig. Der Kauf der Online-Version erfolgt über helbling.com.

* befristet auf 1 Schuljahr (endet jeweils zum Schuljahresende)

Für die Online-Version laden Sie die kostenlose HELBLING Media App aus dem Apple App Store oder dem Google Play Store. Öffnen Sie die App, tippen Sie auf das ⊕ -Zeichen und geben Sie den Ihnen zugesendeten Code ein. *tabDo!* kann nun geöffnet und verwendet werden.

Als Offline-Version im Apple App Store und im Google Play Store

Die Verwendung der App setzt keine Internetverbindung voraus.

Technische Tipps

Nachfolgend verraten wir ein paar nützliche Anwendungstipps, damit der Unterricht mit der App störungsfrei und erfolgreich ablaufen kann.

- Das Tablet oder Smartphone sollte zum kontrollierten Spielen mit der App *tabDo!* am besten flach auf dem Tisch liegen.
- Meistens genügt es, wenn die Schülerinnen und Schüler die Lautstärke auf ihrem Endgerät entsprechend einstellen, um sich nicht gegenseitig abzulenken. Zum ungestörten Arbeiten eignen sich außerdem Kopfhörer, was aber nur in Ausnahmesituationen wirklich nötig ist. Ein Adapter ermöglicht es, dass zwei Kopfhörer eingestöpselt werden können.
- Der Hand-Bildschirm wird hochkant angezeigt, ebenso der Tonleiter-Bildschirm. Beim Noten-Bildschirm dreht man das Tablet oder Smartphone um 90 Grad. Ggf. muss hier bei den Voreinstellungen im Tablet oder dem Smartphone überprüft werden, ob die Bilddrehung ausgeschaltet ist.
- Damit man die Töne der App *tabDo!* auf dem Tablet oder dem Smartphone hören kann, ist es notwendig, die Stummschaltungsfunktion des Endgeräts auszuschalten.
- Beim Hand-Bildschirm kann es bei einzelnen Endgeräten dazu kommen, dass der Anzeigeregler bei der Transponierfunktion C, D, F, G zwischen den einzelnen Buchstaben einrastet. Das beeinträchtigt nicht die Funktion, aber die Genauigkeit der Anzeige. Hier hilft es oft, die App nochmal neu zu starten.
- Manchen Schülerinnen und Schülern passiert es beim Spielen aus Versehen, dass sie die digital angezeigte Hand in eine andere Transpositionsebene schieben. Wenn sie nur auf die markierten Felder tippen und nicht schieben, wird dieses Problem vermieden.

Wir wünschen viel Freude und Erfolg beim Arbeiten und Musizieren mit *tabDo!*.

Lena Li Müller, Thomas Müller und Herbert Schiffels

Lena Li Müller
Schulmusikerin am Gymnasium in Sonthofen, Allgäu; Musik-Fachbetreuerin mit Schwerpunkt „Singen in Klassenunterricht, Chorklasse und Schulchören"; Fortbildnerin in der GS und Sek. I; Dirigentin und Ensemblesängerin; Gründung eines Chorvereins im Allgäu

Thomas Müller
Schulmusiker am Gymnasium in Oberstdorf, Allgäu; Musik-Fachbetreuer und Unterstufenkoordinator; Betreuer von Musik-Referendaren am Gymnasium; Fortbildner in GS/Sek. I; Dirigent und Ensemblesänger; Gründung eines Chorvereins im Allgäu

Herbert Schiffels
Schulmusiker; ehem. Fachberater; Dozent in der Lehrerfortbildung; Beauftragter für Jazz, Tanz und Folklore des Ministeriums für Kultus und Sport für die Schulen in Baden-Württemberg; Lehraufträge für Jazzarrangement und Microteaching an der MHS Freiburg; Erfinder der App *tabDo!* und Autor zahlreicher Materialien zur App

Level 1,
Instrument: Klavier, Do auf G

Name: ....

Die Melodie von **Big Ben** – Nachbau und Neubau

Der Glockenturm des Big Ben hat vier Glocken.
Deshalb können Melodien aus vier Tönen erklingen,
die wir Do, Re, Mi, So nennen.

1. Höre dir die Melodie von Big Ben mit einem dazu erfundenen Text an. Singe mit.

2. Spiele diese Melodie mit *tabDo!* nach. Notiere die verwendeten Solmisationssilben unter die Noten.

3. Meine Version: Erfinde für alle vier Zeilen eine neue Melodie mit den gleichen vier Tonhöhen der Glocken.

Level 5,
Instrument: Klavier, Do auf F

Name: ....

Lieder umbauen

1 Wenn man in einem Satz Buchstaben vertauscht, dann entsteht etwas Neues, z. B.:

Mit Melodien spielen macht mir Spaß! ➡ Mit Miodeeln sepilen mcaht mir Sapß!

Finde heraus, wie der folgende Satz richtig heißt und notiere ihn.

hcl signe gnere scöhen Ledier. ➡

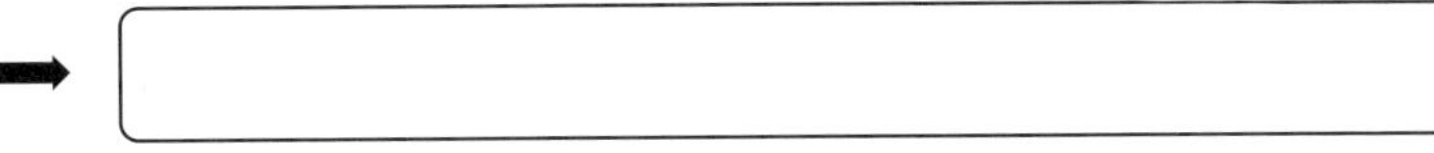

Fangesang „Olé, olé, olé, olé, We are the Champions, olé“

2 Singe das Lied zunächst, damit du die Melodie im Ohr hast.

3 Die folgenden Melodietöne des Liedes sind durcheinandergeraten. Spiele die Töne mit *tabDo!* und trage sie in der richtigen Reihenfolge in den unteren Kasten ein.

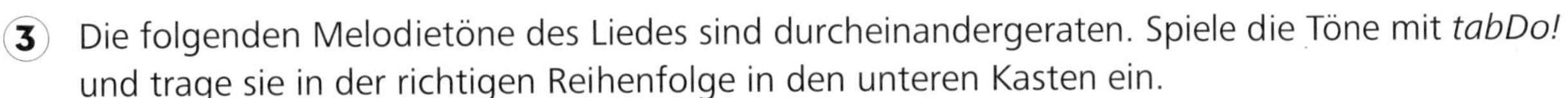

Streiche die Silben durch, die du schon verwendet hast.

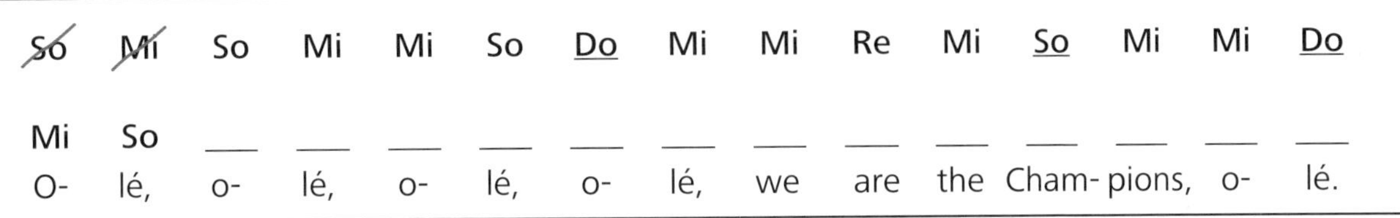

~~So~~	~~Mi~~	So	Mi	Mi	So	Do	Mi	Mi	Re	Mi	So	Mi	Mi	Do
Mi	So	___	___	___	___	___	___	___	___	___	___	___	___	___
O-	lé,	o-	lé,	o-	lé,	o-	lé,	we	are	the	Cham-	pions,	o-	lé.

Geburtstagslied „Happy Birthday“

4 Singe und spiele das Lied mit *tabDo!*.

So So La So Do Ti, So So La So Re Do, So So So Mi Do Do Ti La, Fa Fa Mi Do Re Do.

5 Baue nun das Lied um, indem du die Silben in eine andere Reihenfolge bringst. Erfinde so eine neue Version von „Happy Birthday“. Notiere sie in den Kasten.

Streiche oben im Kasten die Silben durch, die du schon verwendet hast.

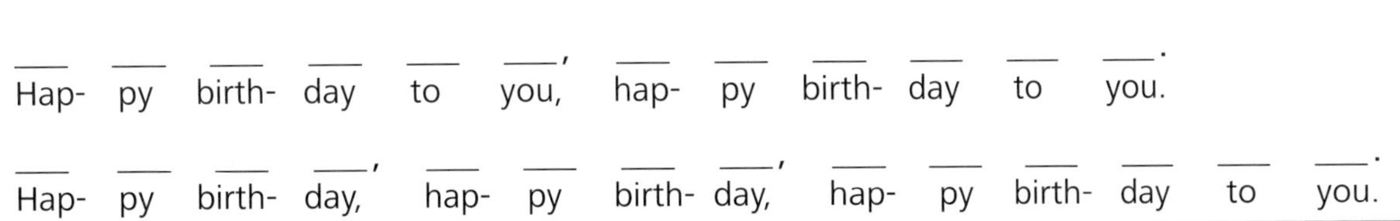

___	___	___	___	___	___,	___	___	___	___	___	___.
Hap-	py	birth-	day	to	you,	hap-	py	birth-	day	to	you.

___	___	___	___,	___	___	___	___,	___	___	___	___	___	___.
Hap-	py	birth-	day,	hap-	py	birth-	day,	hap-	py	birth-	day	to	you.

6 Geht zu zweit zusammen: Spielt euch gegenseitig eure Version vor. Erklärt, warum manche Ergebnisse unfertiger oder dissonanter („schärfer“) klingen als andere.

___

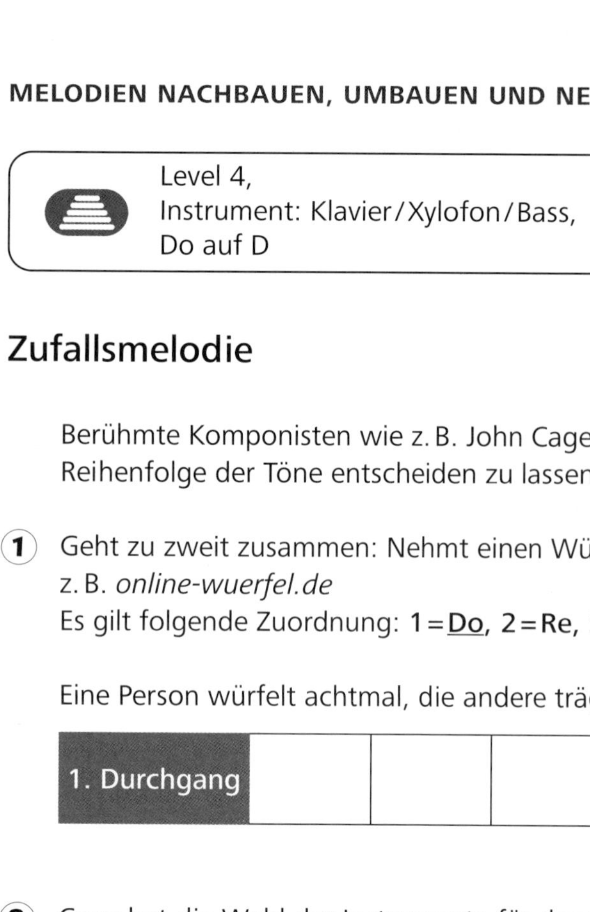

Level 4,
Instrument: Klavier/Xylofon/Bass,
Do auf D

Name: ....

Zufallsmelodie

Berühmte Komponisten wie z. B. John Cage aus den USA hatten die Idee, den Zufall über die Reihenfolge der Töne entscheiden zu lassen.

(1) Geht zu zweit zusammen: Nehmt einen Würfel oder würfelt online mit einer Würfelapp, z. B. *online-wuerfel.de*
Es gilt folgende Zuordnung: 1=Do, 2=Re, 3=Mi, 4=Fa, 5=So, 6=La.

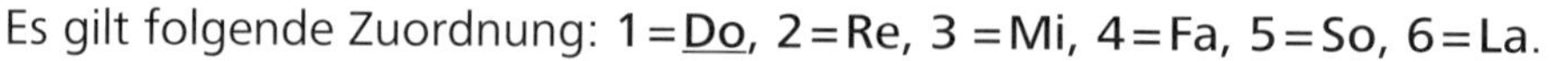

Eine Person würfelt achtmal, die andere trägt die gewürfelten Silben in die Tabelle ein.

1. Durchgang								

(2) Cage hat die Wahl der Instrumente für den Vortrag seiner Stücke häufig den Musizierenden überlassen. Spielt die gewürfelte Melodie dreimal hintereinander mit *tabDo!*, aber jeweils mit den unterschiedlichen Klangfarben:

Klavier, Xylofon oder **Bass**

Diskutiert, welches Instrument am passendsten zur Melodie erscheint und begründet euer Ergebnis in eigenen Worten:

____

____

(3) Ebenso ist es bei Cage den Musizierenden oft freigestellt, in welchem Tempo sie seine Stücke vortragen wollen. Würfelt eine neue Melodie und tragt sie wieder in die Tabelle ein.
Spielt die entstandene Melodie dreimal hintereinander, aber jeweils in unterschiedlichen Geschwindigkeiten:

sehr langsam (Largo), gehend (Andante), schnell (Allegro)

2. Durchgang								

(4) Diskutiert, welches Tempo am besten zur Melodie passt und notiert eure Begründung in den folgenden Zeilen.

____

____

Level 2,
Instrument: Klavier/Xylofon, Do auf C

Name:

Rhythmen vertonen: **Rhythmusuhr**

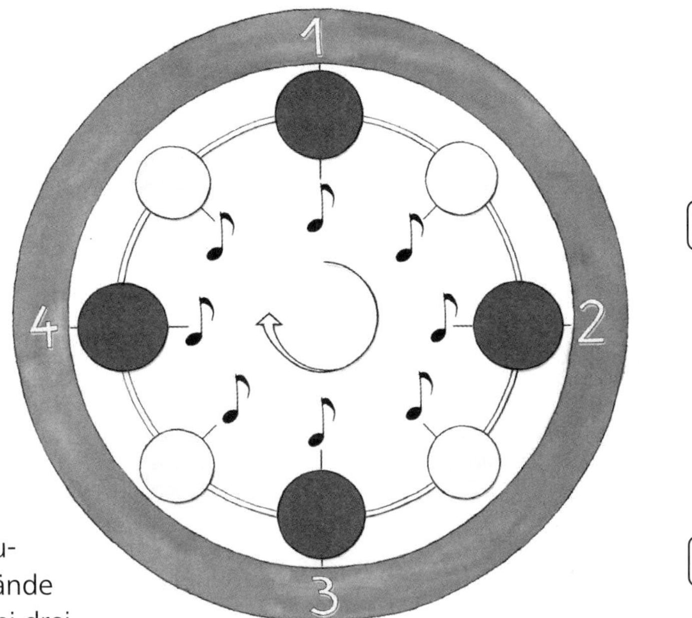

1. Legt drei kleine Gegenstände (z. B. Radiergummi, Münzen) auf drei der dunklen Felder. Eine Person klopft leise alle dunklen Felder (= Puls), die andere spielt bei den ausgewählten Feldern beliebige Töne aus Level 2. Wechselt die belegten Felder und die Rollen.

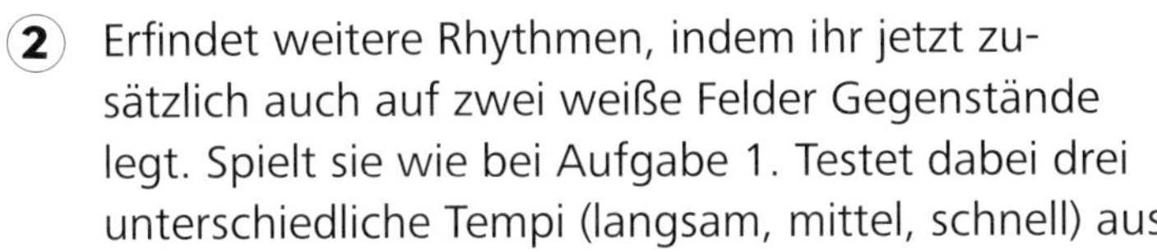

2. Erfindet weitere Rhythmen, indem ihr jetzt zusätzlich auch auf zwei weiße Felder Gegenstände legt. Spielt sie wie bei Aufgabe 1. Testet dabei drei unterschiedliche Tempi (langsam, mittel, schnell) aus.

3. Wählt euren Lieblingsrhythmus und notiert ihn in Notenwerten (verwendet nur Achtel und Achtelpausen):

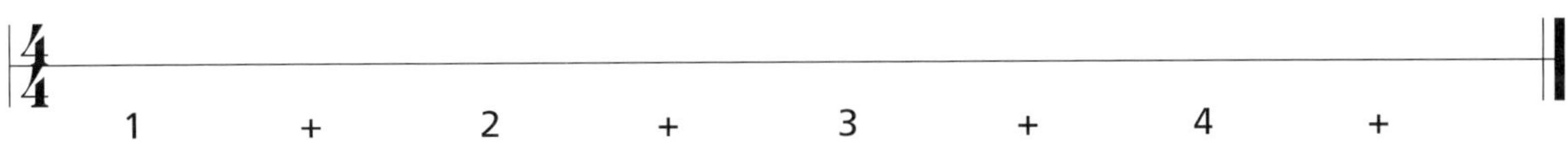

1 + 2 + 3 + 4 +

4. Schreibt abschließend die Solmisationssilben unter die Noten, die sich eurer Meinung nach am besten anhören.

5. Lasst euch von anderen Mitschülerinnen und Mitschülern deren Lieblingsmelodie vorspielen. Notiert sie auf den folgenden Zeilen. Markiert dafür immer zunächst die Stellen mit einem kleinen Punkt, an denen die Töne erklingen und versucht dann im zweiten Schritt die Notenwerte und Solmisationssilben darunter zu notieren.

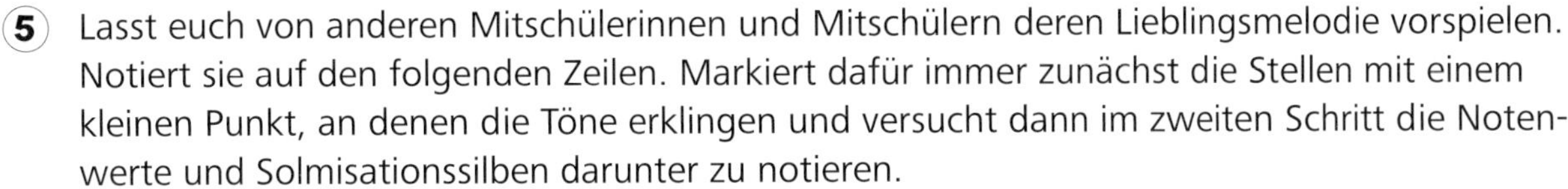

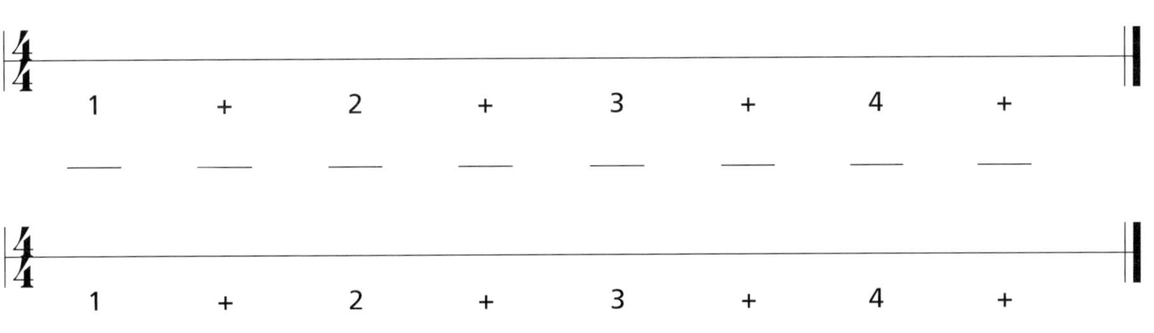

Level 2,
Instrument: Klavier, Do frei wählbar

Name:

....

Dialoge in verschiedenen Taktarten – 4/4 und 6/8

Statt mit Worten kann man sich auch mit Tönen unterhalten, z. B. „eine Frage stellen" oder „auf eine Frage antworten". Das ist in verschiedenen Taktarten möglich.
Ein Beispiel:

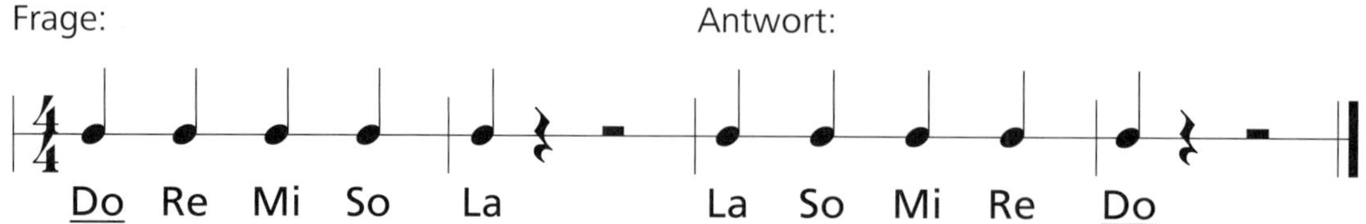

1. Spiele die Melodie der Frage, deine Nachbarin oder dein Nachbar antwortet.

2. Verändere den Rhythmus, achte aber darauf, dass du in der Taktart bleibst.

3. Verändere nun die Töne. Beende aber die Antwort immer mit Do.

4. Erfindet zu zweit ein Gespräch im 6/8-Takt, indem ihr mit *tabDo!* passende Tonfolgen ausprobiert. Notiert die Solmisationssilben unter die Noten.

Um diese Taktart zu fühlen, helfen euch die Wörter in Klammern. Sprecht sie beim Spielen leise mit.

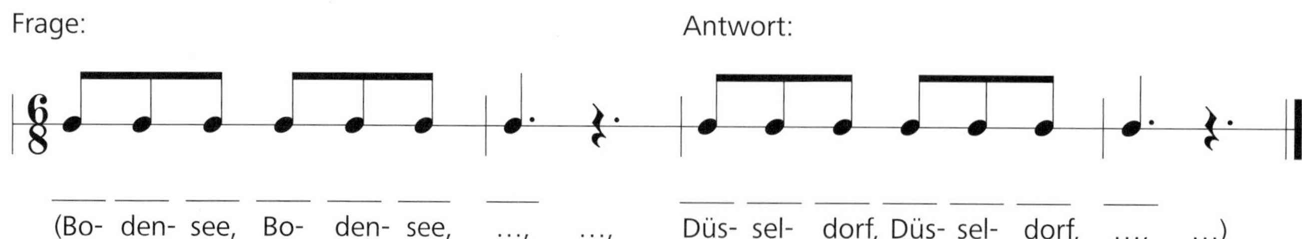

5. Verändert auch hier den Rhythmus, indem ihr an einer Stelle der Frage eine Pause einfügt (Note durchstreichen). Ergänzt in der Antwort auch an einer Stelle eine Pause.

Level 2,
Instrument: Xylofon, Do frei wählbar

Name: ....

Sprechvers im 3/4-Takt

1. Geht zu zweit zusammen: Übt zunächst den Vers zu sprechen und mit der Bodypercussion dazuzuspielen. 

2. Erfindet zum Rhythmus des Sprechverses mit *tabDo!* eine Melodie. Teilt euch die Takte auf: Eine Person spielt immer den ersten Takt, die andere den zweiten. 

Afrika? War ich schon mal da!

Text u. Musik: U. Moritz
© Helbling

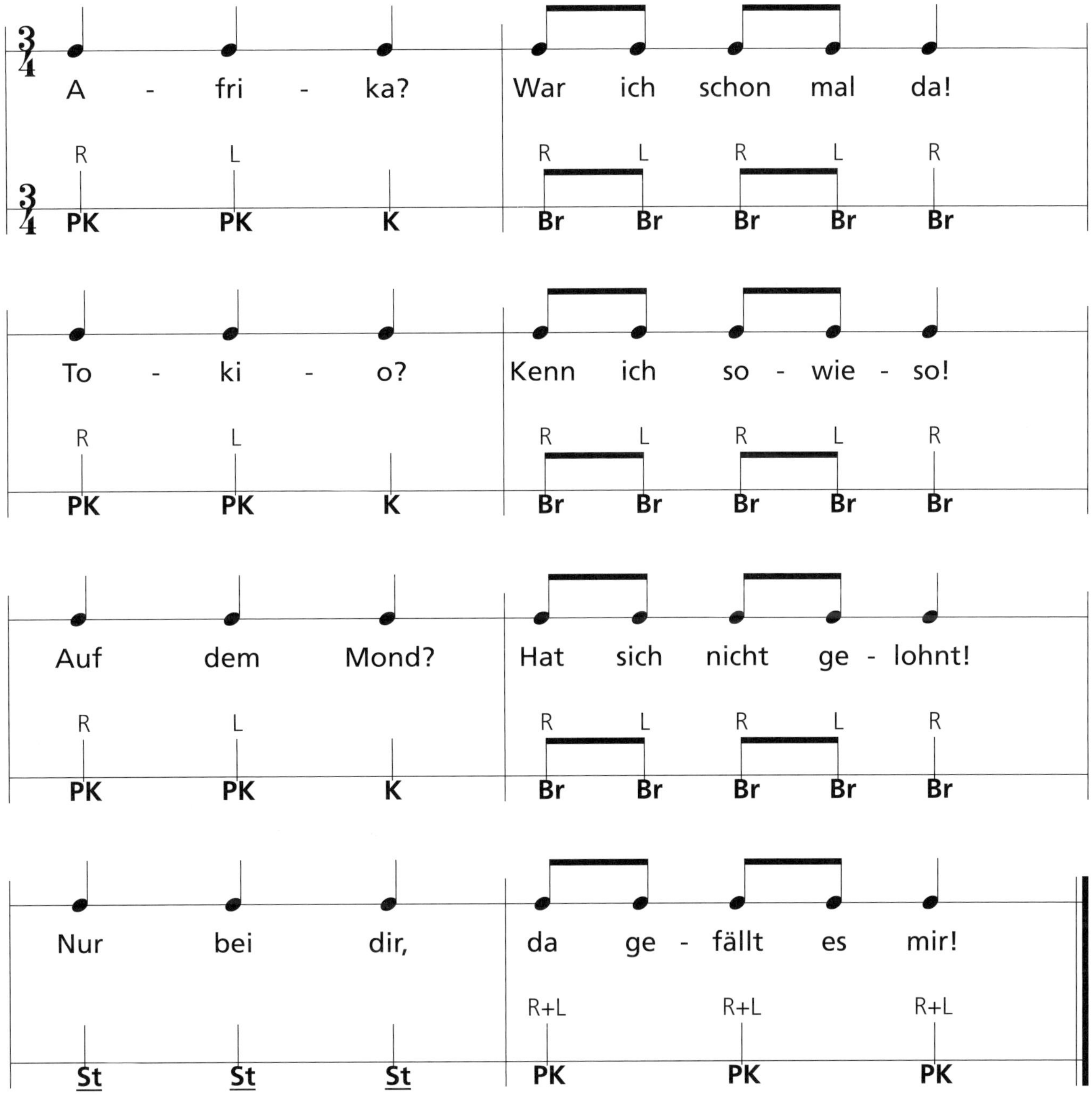

3/4

A -	fri -	ka?	War	ich	schon	mal	da!
R	L		R	L	R	L	R
PK	**PK**	**K**	**Br**	**Br**	**Br**	**Br**	**Br**

To -	ki -	o?	Kenn	ich	so -	wie -	so!
R	L		R	L	R	L	R
PK	**PK**	**K**	**Br**	**Br**	**Br**	**Br**	**Br**

Auf	dem	Mond?	Hat	sich	nicht	ge -	lohnt!
R	L		R	L	R	L	R
PK	**PK**	**K**	**Br**	**Br**	**Br**	**Br**	**Br**

Nur	bei	dir,	da	ge -	fällt	es	mir!
			R+L		R+L		R+L
St	**St**	**St**	**PK**		**PK**		**PK**

PK = mit einem Partner klatschen || K = klatschen || Br = auf den Brustkorb patschen || St = Stampfschritte

Level 5,
Instrument: Klavier, Do auf C und D, je nach Aufgabe

Name:

....

Intervalle singen und benennen

1 Spiele und singe jede Tonkombination links in der Tabelle zuerst nacheinander und spiele dann beide Töne gleichzeitig. Singe sie abschließend nacheinander, ohne mitzuspielen.

2 Trage neben jeder Tonkombination den Intervallnamen ein und entscheide, ob das Intervall auf- oder abwärts erklingt.

Intervallnamen

Prime, Sekunde, Terz, Quarte, Quinte, Sexte, Septime, Oktave

3 Gehe jetzt mit einer zweiten Person zusammen und stelle das Do=D ein. Wiederholt Aufgabe 1 und singt beide mit.

Solmisationssilben Achtung: Unterstrichenes Do = tiefes Do!	Intervallname	Aufwärts oder abwärts
Do-Re		
Do-Fa		
Do-La		
Mi-Do		
La-Do		
Do-So		
Ti-Do		
Do-Do		
Fa-Fa		
Fa-Re		

Intervalle hören und bestimmen

1 Du siehst verschiedene Intervalle. Lass dir von einem Mitschüler oder einer Mitschülerin jeweils ein Intervall auf dem Hand-Bildschirm vorspielen und entscheide, welches du gehört hast. Überprüfe deine Entscheidung durch Nachspielen und Nachsingen mit Solmisationssilben. Tauscht dann die Rollen.

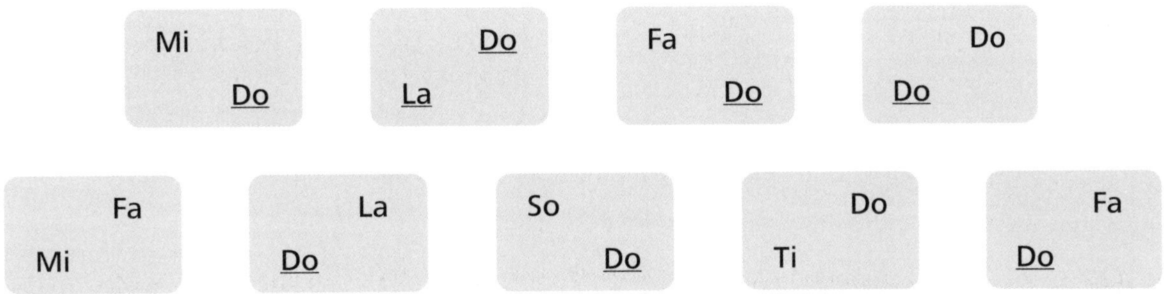

2 Du siehst verschiedene Melodiebausteine. Lass dir von einer Mitschülerin oder einem Mitschüler jeweils einen Baustein auf dem Noten-Bildschirm vorspielen und entscheide, welchen du gehört hast. Überprüfe deine Entscheidung durch Nachspielen und Nachsingen der Bausteine. Tauscht die Rollen.

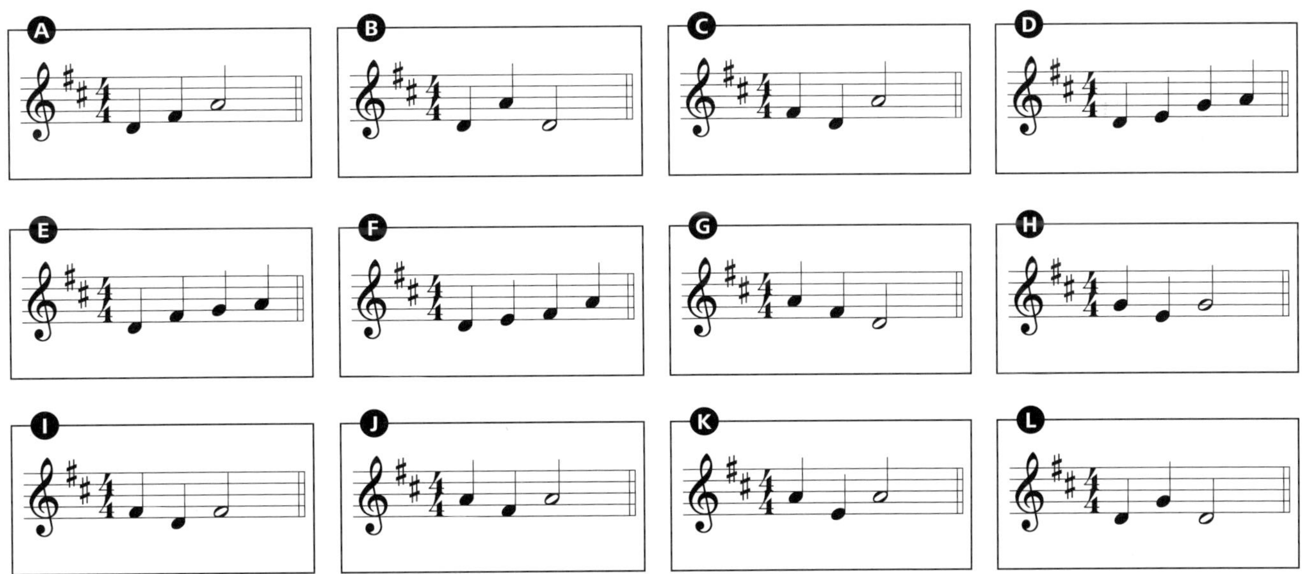

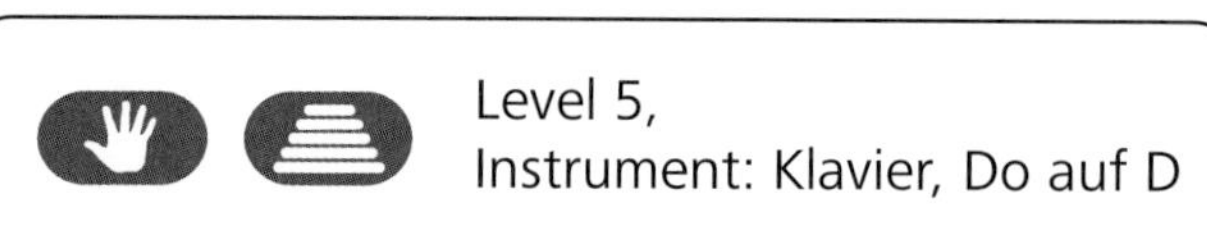

Level 5,
Instrument: Klavier, Do auf D

Name: ....

Liedanfänge erkennen

(1) Du siehst vier unterschiedliche Tonfolgen für jedes Lied, aber nur eine klingt richtig. Spiele alle Tonfolgen mit *tabDo!*, notiere den Titel des Liedes und kreuze den jeweils richtigen Liedanfang an.

Liedtitel A: ____________________

a) Fa Fa So Fa Ti La

b) Mi Mi Fa Mi La So

c) Re Re Mi Re So Fa

d) So So La So Do Ti

Liedtitel B: ____________________

a) Ti Do Re Do Mi Re Do La Ti

b) Do Re Mi Re Fa Mi Re Ti Do

c) Re Mi Fa Mi So Fa Mi Do Re

d) Mi Fa So Fa La So Fa Re Mi

Liedtitel C: ____________________

a) So So So So So So So Ti Mi Fa So

b) Fa Fa Fa Fa Fa Fa Fa La Re Mi Fa

c) Mi Mi Mi Mi Mi Mi Mi So Do Re Mi

d) Re Re Re Re Re Re Re Fa Ti Do Re

(2) Alle „falschen" Anfänge klingen nur so ähnlich wie die richtigen Liedanfänge. Begründe, woran das liegt, indem du folgenden Satz ergänzt:

Die Liedanfänge klingen unterschiedlich, weil die Tonabstände nur ____________________ dem Original entsprechen. Es kommt besonders auf die ____________________ Lage der ____________________ an.

Lösungswörter: Halbtonschritte – ungefähr – passende

(3) Suche dir eines der drei Lieder aus und singe es mit Liedtext bis zum Ende.

Level 5,
Instrument: Klavier, Do auf D
und frei wählbar

Name: ....

Intervalle singen

① Spiele das Notenbeispiel mit *tabDo!*. Singe die Solmisationssilben anschließend. Kontrolliere dich mit *tabDo!*, ob du die Tonhöhen genau triffst (Fachbegriff: Intonation).

② Versuche die Übung auch von anderen Grundtönen aus, z. B. Do=F oder Do=G. So kannst du erkunden, wie groß dein Tonumfang ist. Möglicherweise verändert sich dieser ja im Laufe der Zeit.

Mein aktueller Tonumfang am:

Datum: ____________ Datum: ____________ Datum: ____________

③ Spiele und singe die Intervalle und die passenden Liedanfänge. Nimm dir ein Liederbuch zur Hilfe.

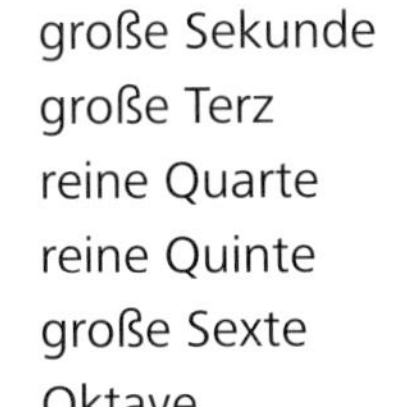

Intervalle aufwärts

Happy Birthday	So-So	Prime
Alle meine Entchen	Do-Re	große Sekunde
Oh When the Saints Go Marching in	Do-Mi	große Terz
Feuerwehr (Martinshorn)	Do-Fa	reine Quarte
Morgen kommt der Weihnachtsmann	Do-So	reine Quinte
My Bonnie Is Over the Ocean	So-Mi	große Sexte
Somewhere Over the Rainbow	Do-Do	Oktave

Intervalle abwärts

Mahna, Mahna	Do-Ti	kleine Sekunde
Kuckuck	So-Mi	kleine Terz
Kleine Nachtmusik (Mozart)	Do-So	reine Quarte
Donna, Donna (On a Wagon)	So-Do	reine Quinte
Love Story	Do-Mi	kleine Sexte

Level 5,
Instrument: Klavier, Do frei wählbar

Name:

....

Intervalle hören: Fußballspiel

Spielregeln und Infos für den Tafelanschrieb

Inhalt des Spiels: Zwei gegnerische Mannschaften versuchen, möglichst schnell das mit *tabDo!* vorgespielte Intervall zu benennen. Mit zwei in Folge richtigen Ergebnissen erzielen sie ein Tor. Welche Mannschaft die meisten Intervalltore „schießt", hat gewonnen.

1. Die Klasse wird in zwei gleichstarke Mannschaften eingeteilt, die sich jeweils einen Namen geben dürfen (bei einer ungeraden Anzahl an Klassenmitgliedern wird die überzählige Person zum Schiedsrichter ernannt, die mit der Lehrperson das Spiel leitet). Innerhalb der Gruppen wird durchgezählt, es gibt also jede Nummer zweimal. Diese Zahlen werden für jede Gruppe an die Tafel geschrieben.

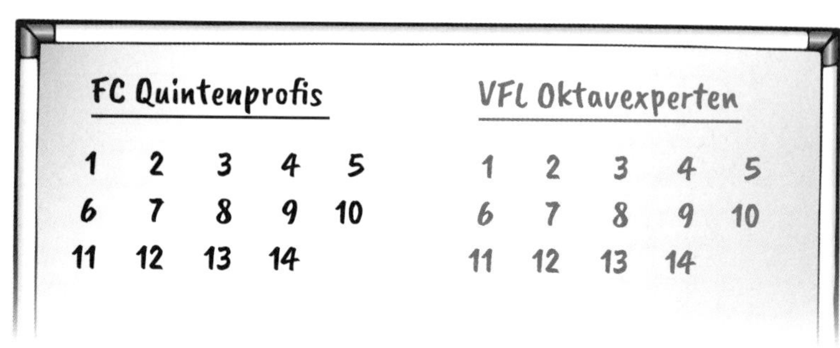

2. Anschließend wird ein Fußballfeld auf die Tafel gezeichnet und ein Magnet als „Tafelball" auf dem Anstoßpunkt platziert.

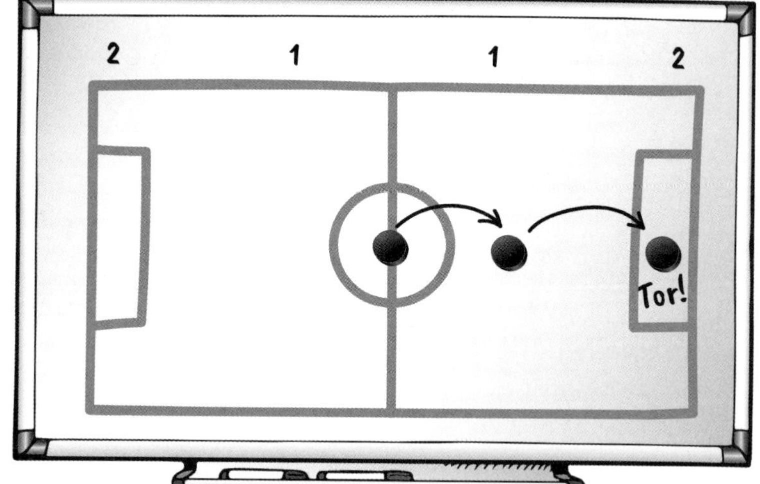

3. Der Schiedsrichter oder die Schiedsrichterin benennt zwei Spielende (nur die Nummer aufrufen). Diese stehen auf, um die Aufgabe zu lösen. Die jeweiligen Nummern werden an der Tafel durchgestrichen.

4. Nun wird ein beliebiges Intervall an der Tafel mit Magneten auf Notenlinien angezeigt und mit *tabDo!* vorgespielt. Wer von den beiden Spielenden die richtige Lösung weiß, darf es sofort laut sagen – der Rest der Mannschaft muss ruhig sein (hier können zur Not Strafpunkte verteilt werden). Bei Ungeübten kann das Intervall mehrfach wiederholt werden, bis ein richtiges Ergebnis erzielt wurde. Wichtig ist auch, dass das vorgespielte Intervall bekannt ist!

5. Die Mannschaft mit dem richtigen Ergebnis rückt mit dem Magneten an der Tafel einen Punkt Richtung des gegnerischen Tors.

6. Die nächsten beiden Nummern werden aufgerufen, um ein weiteres Intervall zu erraten.

7. Die erzielten Tore werden auf der Tafel vermerkt. Wenn jedes Mannschaftsmitglied einmal gespielt hat, ist das Spiel beendet und die Siegermannschaft kann gekürt werden.

Level 7,
Instrument: Klavier, Do je nach Aufgabe

Name: ....

Dreiklänge hören und benennen

1 Warm-up: Singe die Tonfolgen Do-Mi-So und La-Do-Mi von verschiedenen Grundtönen aus und spiele zur Kontrolle auf *tabDo!* mit.

Aufbau eines Dreiklangs in Dur und Moll

Die Töne eines Dreiklangs werden nach ihrem Abstand zum Grundton bezeichnet.
Die Unterscheidung Dur oder Moll hängt von der Anordnung der Terzen im Dreiklang ab:

2 Du siehst verschiedene Dreiklänge. Finde heraus, wie sie heißen. Bearbeite dafür die Aufgaben der Reihe nach:

- ➡ Bestimme die Tonnamen und notiere sie in die Tabelle.
- ➡ Stelle den jeweils tiefsten Ton (Grundton) auf *tabDo!* als Do ein. Spiele nun Do-Mi-So und überprüfe, ob die gespielten Töne (gelb leuchtend) mit denen in deiner Tabelle übereinstimmen. Wenn ja, benenne und notiere den vollständigen Namen des Dreiklangs in der Tabelle. Wenn nein, stelle den Grundton als La ein. Spiele nun La-Do-Mi und überprüfe wieder die Töne. Notiere den Namen des Dreiklangs.
- ➡ Singe den Dreiklang mit den Solmisationssilben. *tabDo!* unterstützt dich beim Singen.

	Tonnamen	Dreiklangsname
	________ ________ ________	________________
	________ ________ ________	________________
	________ ________ ________	________________
	________ ________ ________	________________

Level 7,
Instrument: Klavier, Do je nach Aufgabe

Name: ....

Tonarten bestimmen

1. Lieder und Musikstücke stehen in verschiedenen Tonarten. Notiere zwei Gründe, warum das sinnvoll ist:

____

____

2. Finde heraus, in welcher Tonart die folgenden Lieder stehen. Gehe dabei wie folgt vor:

➡ Benenne zunächst die Vorzeichen am Anfang der Notenzeile und trage sie in die Tabelle ein.
➡ Verschiebe nun mit *tabDo!* das Do so lange, bis die Vorzeichen der Lieder mit den schwarz markierten Vorzeichen auf dem Noten-Bildschirm übereinstimmen.

Der Noten-Bildschirm gibt dir nun zwei mögliche „parallele" Tonarten an (siehe Abbildung).

➡ Spiele die Liedanfänge, indem du die Noten auf deinem Bildschirm suchst. Entscheide beim Spielen hörend, ob das Lied in Dur oder Moll steht. Notiere die Tonart.

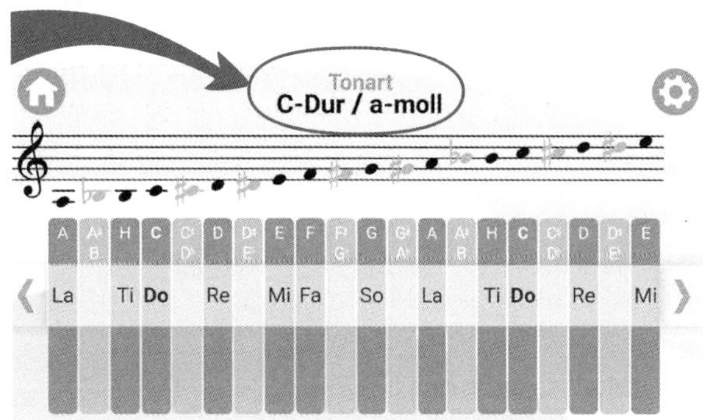

Grundtöne in Dur und Moll

Der Grundton liegt
bei Dur auf der Silbe Do,
bei Moll auf der Silbe La.

	Töne mit Vorzeichen	Grundton = Do oder La?	Tonart
Sur le Pont d'A-vig-non l'on y dan-se			G-Dur
La cu-ca - ra - cha, la cu-ca - ra - cha,		Do = F	
Sha - lom cha-ver-im, sha - lom cha-ver-im!	fis		

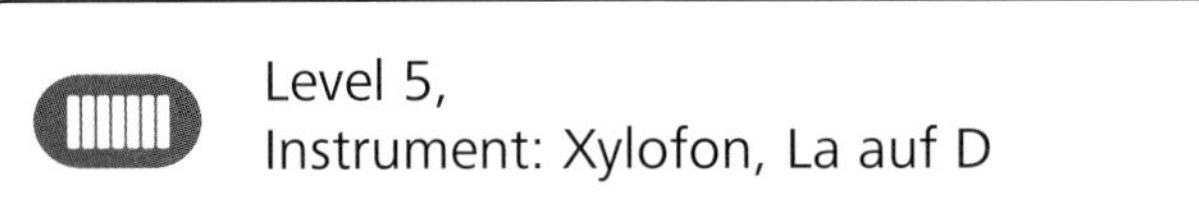
Level 5,
Instrument: Xylofon, La auf D

Name:

....

Die Wirkung von parallelen Dur- und Molltonleitern

Handelt es sich um eine Melodie in Dur, dann hat der Grundton die Silbe **Do**. Steht eine Melodie in Moll, dann heißt die Silbe des Grundtons **La**.

		Do	Re	Mi	Fa	So	La	Ti	Do	⟵ Durtonleiter
La	Ti	Do	Re	Mi	Fa	So	La			⟵ Natürliche Molltonleiter

1 Spiele die Melodie von „Sascha" mit *tabDo!*. Stelle dazu La = D ein, denn das Lied steht in d-Moll. Spiele die Silben **unter** den Noten.

Sascha

Text: Anton B. Kraus

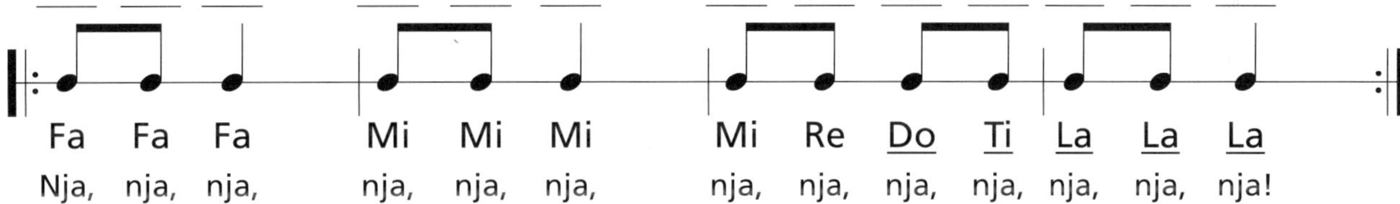

2 Versetze alle Töne um zwei Silben nach oben in das parallele F-Dur. Aus Mi wird also So, aus Re wird Fa usw. Notiere die neuen Solmisationssilben für die Melodie in Dur **über** die Noten.

3 Vergleich der Wirkung von Dur und Moll:
Spiele und singe (auf Solmisationssilben) die Melodie in Moll und in Dur. Wiederhole danach diese Übung auch mit dem Liedtext. Vergleiche die Wirkung der beiden Melodien und beschreibe sie mit Adjektiven.

Die Melodie in Moll klingt ______________________________

Die Melodie in Dur klingt ______________________________

Merke: Parallele Tonleitern haben den gleichen Tonvorrat und die gleichen Vorzeichen. Trotzdem klingen sie unterschiedlich.

Level 5,
Instrument: Klavier, Do auf D

Name:

Der Aufbau von parallelen Dur- und Molltonleitern

1. Schreibe die Solmisationssilben **über** die Noten dieser bekannten Melodie aus dem Gedächtnis und spiele sie mit *tabDo!*.

2. Geht zu zweit zusammen: Eine Person singt das Lied auf Solmisationssilben, die andere spielt die Melodie. Tauscht die Rollen.

Morgen kommt der Weihnachtsmann

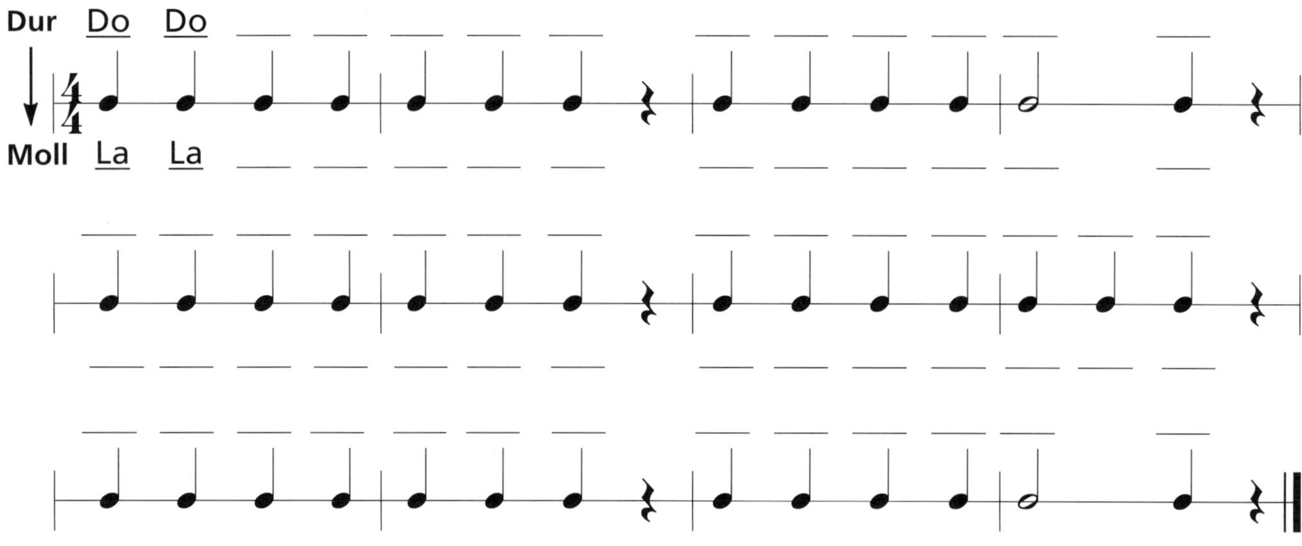

3. Setze alle Töne aus Aufgabe 1 um zwei Silben nach unten. Aus Do wird also La, aus Re wird Ti usw. Schreibe **unter** die Noten die Solmisationssilben der versetzten Melodie.

4. Singe und spiele diese neue Version.

Halbtonschritte in der Dur- und Molltonleiter
Die Halbtonschritte befinden sich immer bei den Silben Mi-Fa und Ti-Do. Allerdings haben die Tonleitern unterschiedliche Grundtöne (Dur: Do, Moll: La), dadurch verändert sich die Position der Halbtonschritte in der Tonleiter.

				3	4			7	8	
		Do	Re	**Mi**	**Fa**	So	La	**Ti**	**Do**	Durtonleiter
La	**Ti**	**Do**	Re	**Mi**	**Fa**	So	La			Natürliche Molltonleiter
	2	3		5	6					

5. Ergänze den Satz:
Bei der Durtonleiter befinden sich die Halbtonschritte zwischen dem ____ und ____ sowie dem 7. und 8. Ton. Bei der ________________ befinden sich die Halbtonschritte zwischen dem 2. und 3. sowie dem ____ und ____ Ton.

Lösungswörter: natürlichen Molltonleiter – 6. – 4. – 3. – 5.

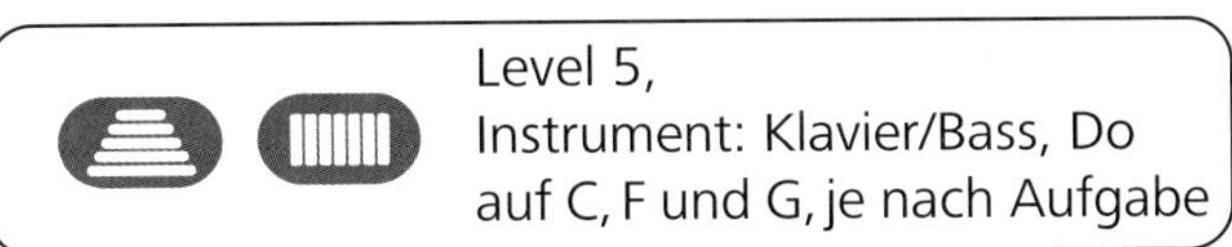

Name: ....

Lieder singen und spielen

(1) Du siehst Ausschnitte aus einigen Volksliedern. Spiele die Melodien mit *tabDo!* und notiere den Liedtitel über die Notenzeile.

Liedtitel A: ______________________________

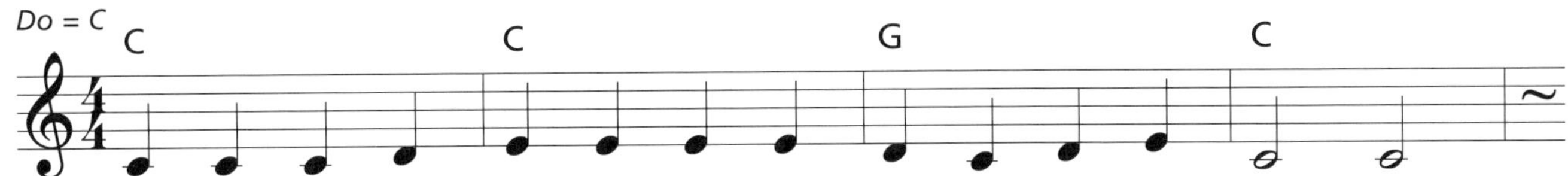

Liedtitel B: ______________________________

Liedtitel C: ______________________________

Liedtitel D: ______________________________

(2) Spiele mit dem Instrument Bass auf *tabDo!* die Töne der Akkordsymbole zu den Melodien.

(3) Probiert zu dritt folgende Kombinationen aus: Eine Person summt/singt das Lied, die zweite Person spielt die Melodie mit *tabDo!* und die dritte Person spielt die Akkordtöne als Bassbegleitung.

Level 5,
Instrument: Klavier/Xylofon, Do auf G

Name:

Musikstücke-Puzzle

Hier wurden die Melodien von zwei berühmten Musikstücken auseinandergeschnitten.

1. Schreibe die Solmisationssilben unter die Noten und singe die Melodiepuzzlestücke mit diesen Silben.

2. Höre dir die Melodien an und präge sie dir gut ein. Bringe anschließend die hier notierten Melodiepuzzlestücke in die richtige Reihenfolge, indem du sie mit *tabDo!* spielst und die Kästchen nummerierst.

A: Bedřich Smetana: **Die Moldau**

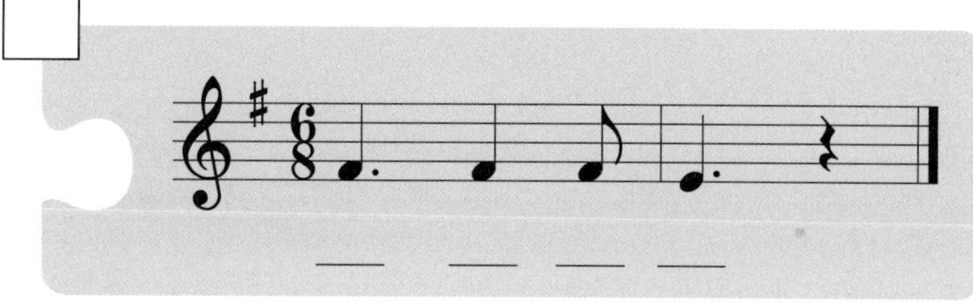

Level 5,
Instrument: Klavier/Xylofon, Do auf D

Name: ....

Musikstücke-Puzzle

B: Wolfgang Amadeus Mozart: **Das klinget so herrlich**

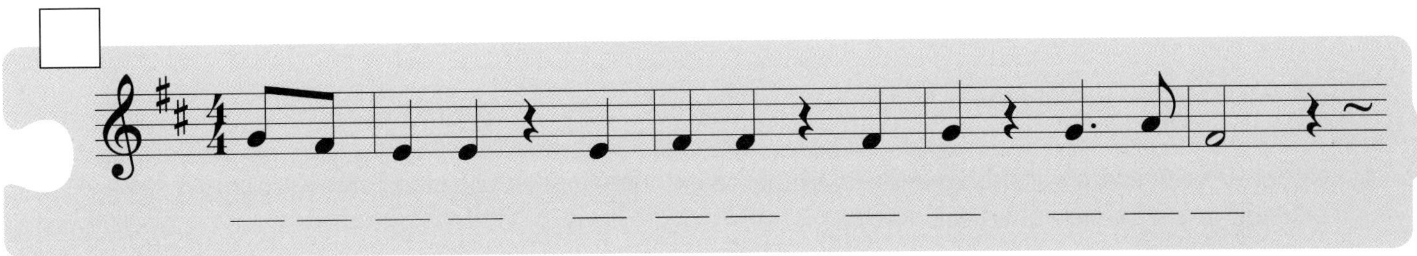

Name: ....

Eine Melodie transponieren

Stell dir vor, du willst mit deinem Schulorchester einen Ausschnitt aus dem „Te Deum" von Marc-Antoine Charpentier spielen. Dafür bedarf es einiger Vorbereitungen:

1. Die Melodie steht in G-Dur (Do=G). Spiele sie mit *tabDo!*. So würde sie auch eine Flöte oder eine Geige spielen.

Musik: M.-A. Charpentier

2. Damit B-Instrumente mitspielen können, muss die Melodie in eine neue Tonart umgeschrieben (= transponiert) werden. Stelle hierfür Do um einen Ganzton nach oben ein (Do=A) und notiere die Melodie und die Solmisationssilben aus Aufgabe 1 mithilfe des Noten-Bildschirms in A-Dur.

3. Erkläre, welcher reale Ton erklingt, wenn ein B-Instrument wie Klarinette oder Trompete ein notiertes C spielen.

Es erklingt der Ton ___ , wenn ein Trompeter ein notiertes ___ spielt.

Deshalb heißen Klarinette oder Trompete auch ______________________________.

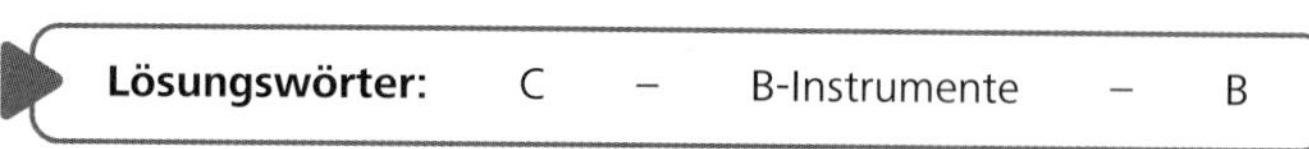

4. Notiere zwei weitere transponierende Instrumente und benenne jeweils den Ton, welcher erklingt, wenn sie ein notiertes C spielen.

____

____

Name: ....

Melodiepuzzle

1 Du siehst unten die Rhythmusbausteine eines Herbstliedes. Nur, welches? Spiele die rechts abgebildeten Solmisationssilben mit *tabDo!* (Do=G) und verbinde sie mit dem richtigen Rhythmus. Notiere den Titel des Liedes:

____

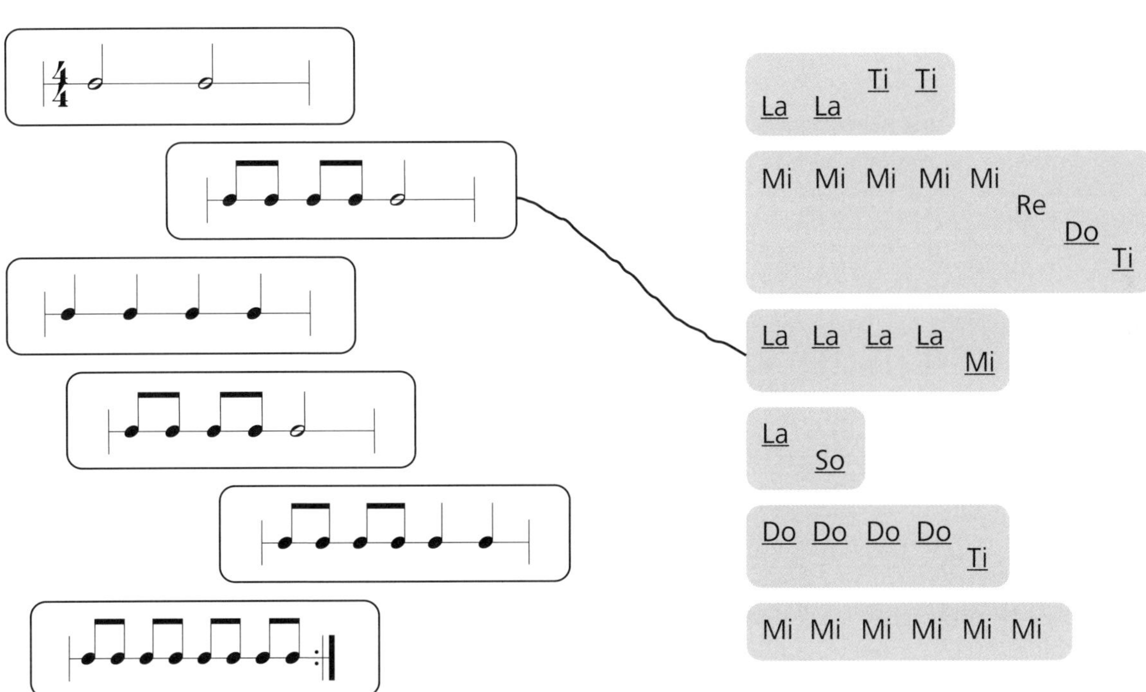

2 Das Lied „Viel Glück und viel Segen" ist durcheinandergeraten. Spiele zunächst die Solmisationssilben mit *tabDo!* (Do=D) und ordne sie den Rhythmuskästchen zu. Bringe dann die Rhythmen in die richtige Reihenfolge, indem du sie nummerierst.

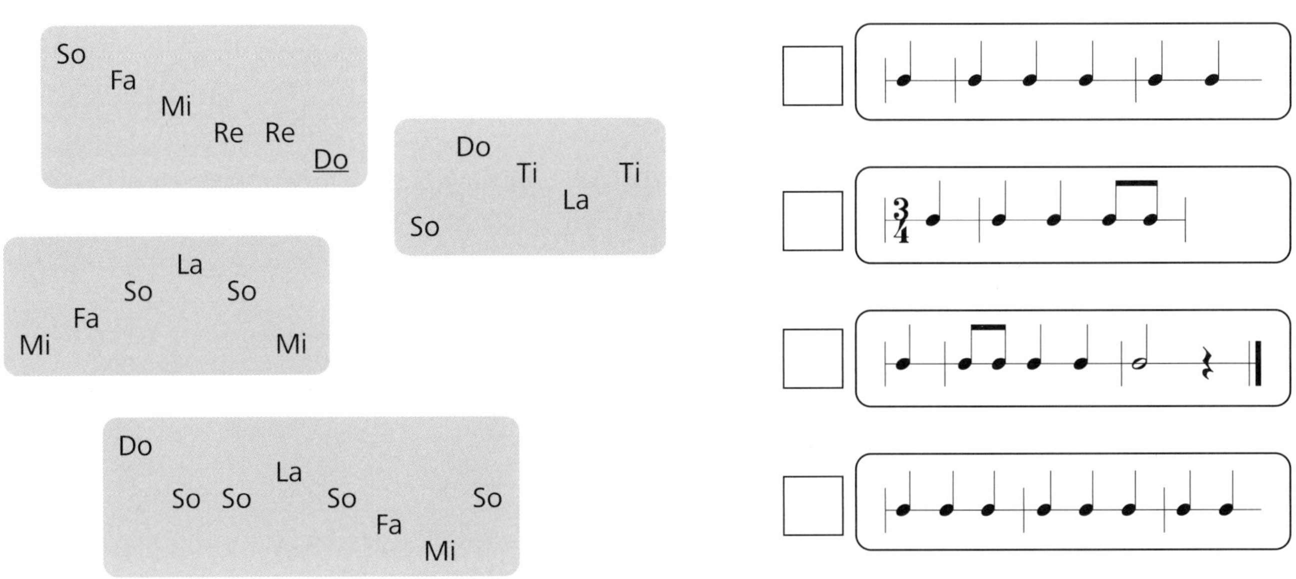

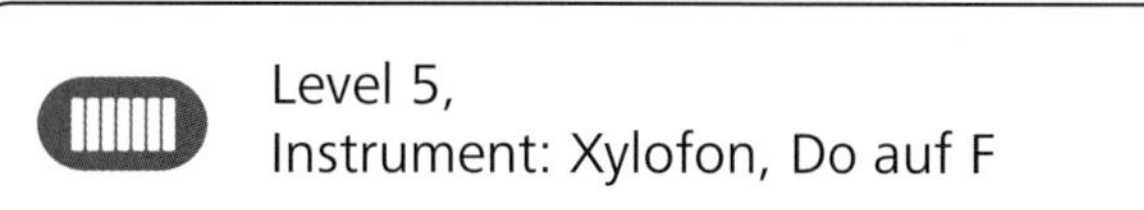

Lückenmelodie zu „Jingle Bells"

1. Ergänze in den Lücken die fehlenden Solmisationssilben (Do, Re, Mi etc.), indem du die Melodie aus deinem Gedächtnis mit *tabDo!* spielst und dazu singst. 

2. Trage in den Notenzeilen die dazugehörigen Notenköpfe mit den richtigen Notenwerten ein. 

   Der Noten-Bildschirm hilft dir, die richtigen Notenköpfe für die Solmisationssilben zu finden.

Jingle Bells

Text u. Musik: J. L. Pierpont

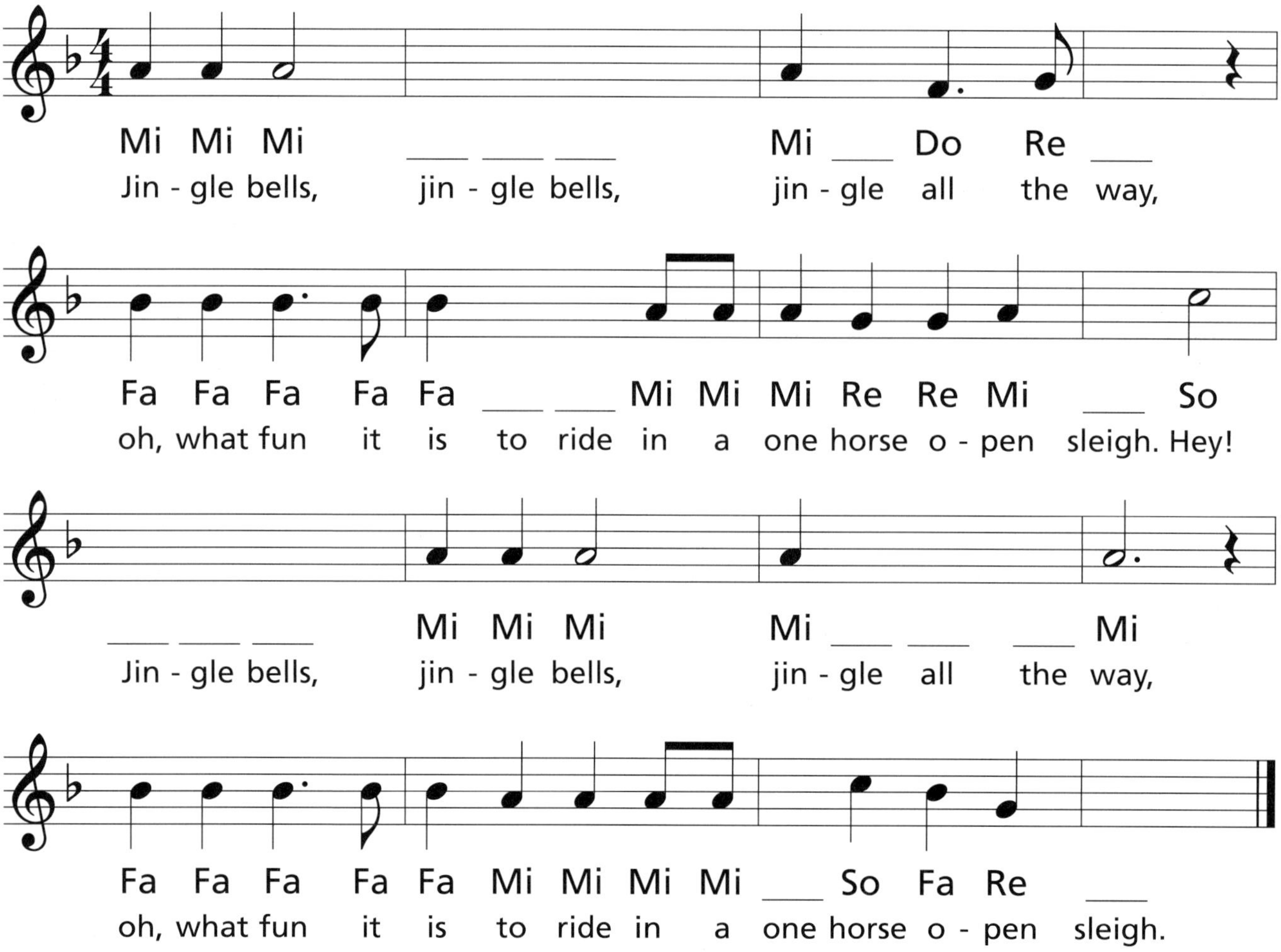

Mi Mi Mi ___ ___ ___ Mi ___ Do Re ___
Jin - gle bells, jin - gle bells, jin - gle all the way,

Fa Fa Fa Fa Fa ___ ___ Mi Mi Mi Re Re Mi ___ So
oh, what fun it is to ride in a one horse o - pen sleigh. Hey!

___ ___ ___ Mi Mi Mi Mi ___ ___ ___ Mi
Jin - gle bells, jin - gle bells, jin - gle all the way,

Fa Fa Fa Fa Fa Mi Mi Mi Mi ___ So Fa Re ___
oh, what fun it is to ride in a one horse o - pen sleigh.

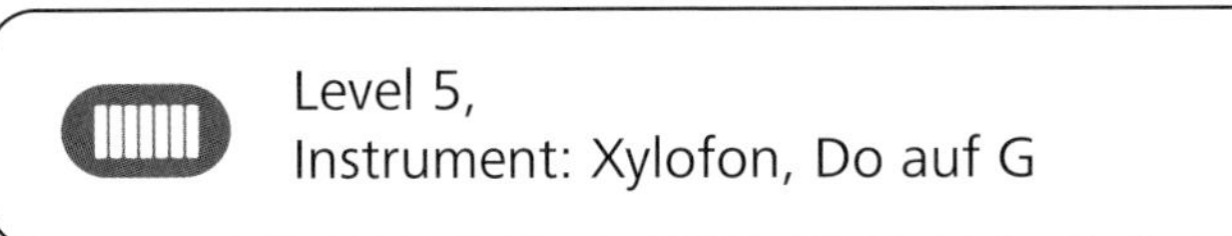

Level 5,
Instrument: Xylofon, Do auf G

Name: ....

Lückenmelodie zu „My Bonnie Is Over the Ocean“

1. Ergänze in den Lücken die fehlenden Solmisationssilben (Do, Re, Mi etc.), indem du die Melodie aus deinem Gedächtnis auf *tabDo!* spielst.

2. Trage dann in den Notenzeilen die dazugehörigen Notenköpfe ein. An manchen Stellen fehlen auch die Notenwerte.

Der Noten-Bildschirm hilft dir, die richtigen Notenköpfe für die Solmisationssilben zu finden.

My Bonnie Is over the Ocean

Text u. Musik: überliefert

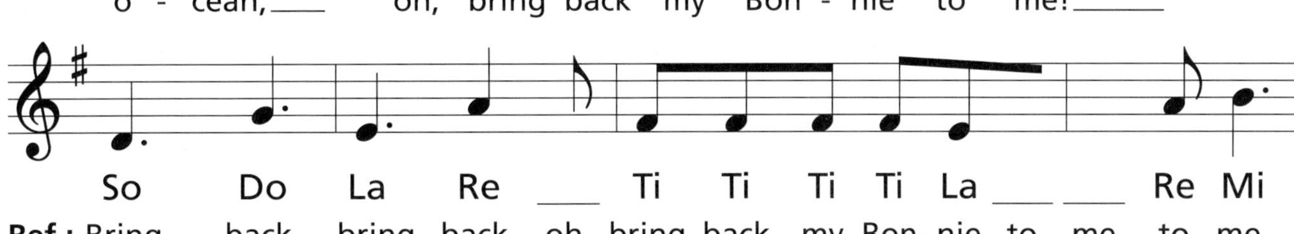

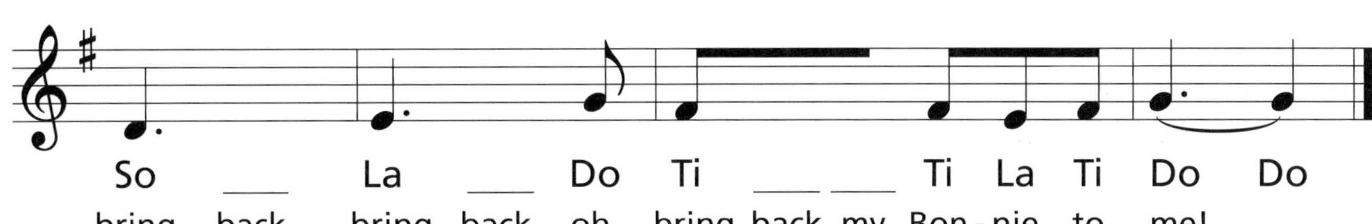

Level 6,
Instrument: Xylofon, Do auf G

Name:

....

Fehlermelodie „We Wish You a Merry Christmas"

In diese Melodie haben sich einige Fehler eingeschlichen.

1. Singe das Lied.

2. Spiele mit *tabDo!* die Töne (Solmisationssilben) und vergleiche sie mit der Melodie, wie du sie im Gedächtnis hast.

Als Hilfe kann dein Partner oder deine Partnerin dir die Töne vorsagen, während du spielst. So musst du nicht gleichzeitig auf das Arbeitsblatt und dein Tablet schauen.

3. Finde die falschen Töne und korrigiere sie.

In fast jedem Takt ist ein Ton falsch!

4. Übe die Melodie im Rhythmus mit *tabDo!* zu spielen und zu singen (Silben und Liedtext).

We Wish You a Merry Christmas

Text: überliefert

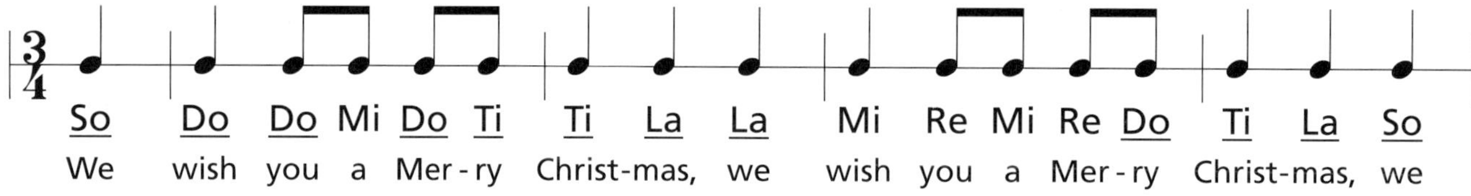

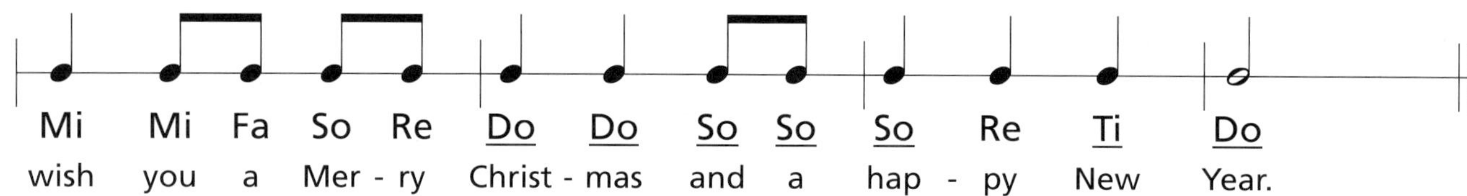

Level 5,
Instrument: Xylofon, Do auf F

Name: ....

Fehlermelodie „I Like the Flowers“

In diese Melodie haben sich einige Fehler eingeschlichen.

1. Singe das Lied.

2. Spiele mit *tabDo!* die Töne (Solmisationssilben) und vergleiche sie mit der Melodie, wie du sie im Gedächtnis hast.

   Als Hilfe kann dein Partner oder deine Partnerin dir die Töne vorsagen, während du spielst. So musst du nicht gleichzeitig auf das Arbeitsblatt und dein Tablet schauen.

3. Finde die falschen Töne und korrigiere sie.

   Pro Takt ist ein Ton falsch!

4. Übe die Melodie im Rhythmus mit *tabDo!* zu spielen und zu singen (Silben und Liedtext).

I Like the Flowers

Text: überliefert

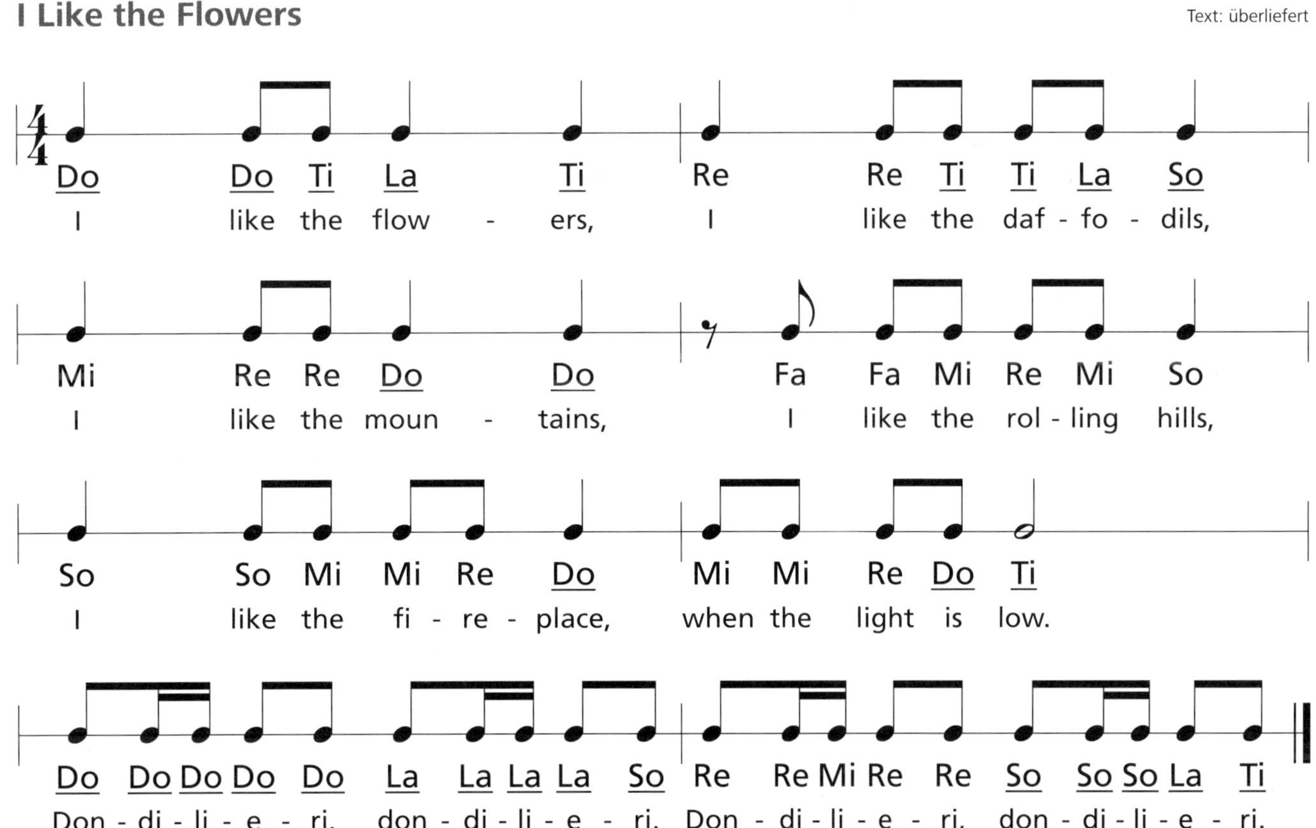

Level 5,
Instrument: Klavier, Do frei wählbar

Name:

Die Eurovisionsmelodie nachbauen

1 Du hörst die Eurovisionsmelodie. Versuche nach dem Hören aus dem Gedächtnis mithilfe von *tabDo!* und dem notierten Rhythmus die Melodie herauszufinden. Notiere die Solmisationssilben und spiele sie.

Die Eurovisionsmelodie

Die ersten acht Takte aus dem „Te Deum" von Marc-Antoine Charpentier wurden 1954 als Erkennungsmelodie für die Europäische Rundfunkunion ausgewählt. Diese „Eurovisionsmelodie" erklang jahrzehntelang unter anderem zu Beginn des „Eurovision Song Contests".

Marc-Antoine Charpentier: **Te Deum**

2 Schiebe die Hand auf alle Positionen C, D, F und G. Spiele und singe die Melodie.

3 Beurteile, welche Tonlage bzw. welches Do für dich besonders geeignet ist, um mitzusingen.

4 Vergleiche dein Ergebnis mit den originalen Aufnahmen der Eurovisionsmelodie von 1984 und 2021 (Suchworte auf YouTube: „Eurovisionshymne" und „1984" bzw. „2021") . Untersuche mithilfe von *tabDo!*, in welcher Tonart die Versionen stehen.

Level 5,
Instrument: Klavier, Do auf F

Name: ....

Die Europahymne nachbauen und ihre Form analysieren

1. Du hörst die Europahymne. Versuche nach dem Hören aus dem Gedächtnis mithilfe von *tabDo!* und dem notierten Rhythmus die Melodie der Europahymne herauszufinden. Notiere die Solmisationssilben.

Ludwig van Beethoven: **Ode an die Freude (Europahymne)**

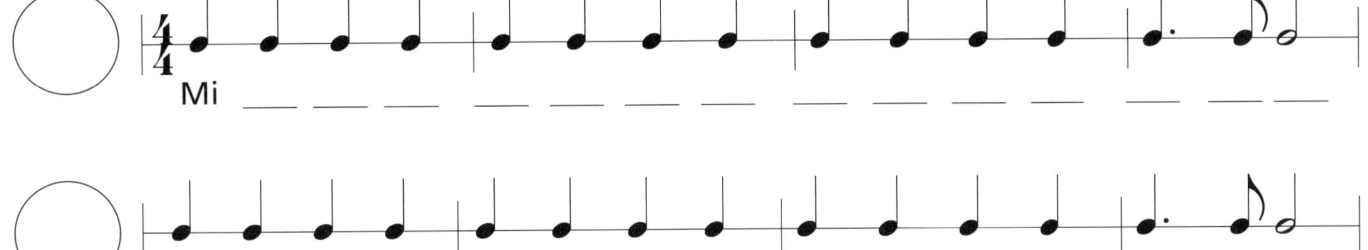

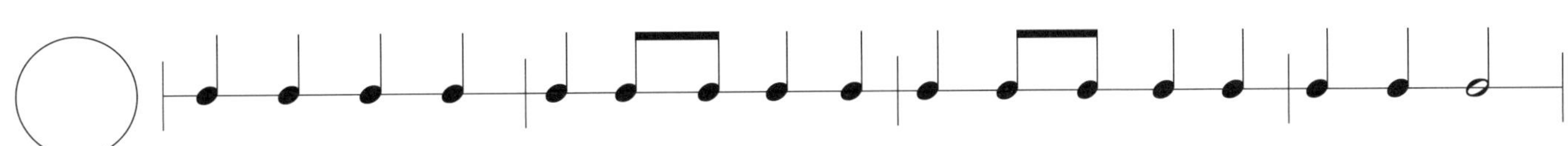

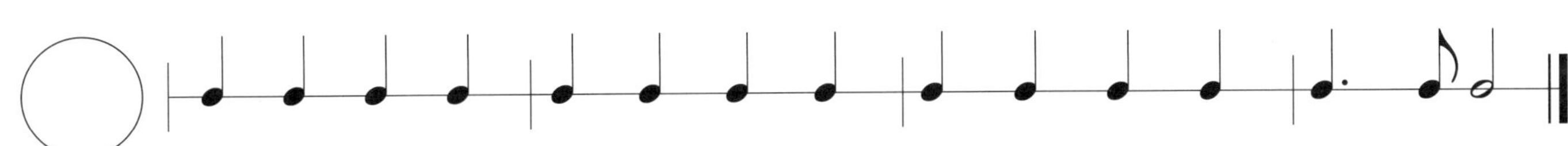

2. Die Europahymne besteht aus verschiedenen Abschnitten. Trage die passenden Formabschnitte A und B in die Kreise vor den Notenzeilen ein.

Formbezeichnung in der Musik

- ➥ Gleiche oder fast gleiche Abschnitte bekommen hier die Bezeichnung **A**.
- ➥ Ein Abschnitt, der für Abwechslung sorgt, wird als **B** bezeichnet.

3. Die Form eines Liedes wird bestimmt durch die Anzahl und Abfolge der Liedabschnitte. Untersuche, ob es sich bei dem Stück um eine 2-teilige oder eine 3-teilige Liedform handelt und notiere das Ergebnis:

____

4. Damit du die genauen Tonhöhnen bestimmen kannst, hilft dir auch *tabDo!*. Notiere mithilfe des Noten-Bildschirms in *tabDo!* (Do=F) über die Notenwerte die fehlenden Namen der Töne. (Beginne mit Mi=A.) Versuche die Hymne auf deinem Instrument zu spielen.

Level 5,
Instrument: Xylofon, Do auf G

Name:

....

Kanon in Dur und Moll

1. Singe und spiele das Lied „Bruder Jakob" mit *tabDo!*.

2. Notiere die fehlenden Solmisationssilben **über** den Noten.

3. Vergleiche die ersten Takte der Zeilen mit den jeweils zweiten Takten. Beschreibe, was dir auffällt:

____

____

Bruder Jakob

© Text: überliefert

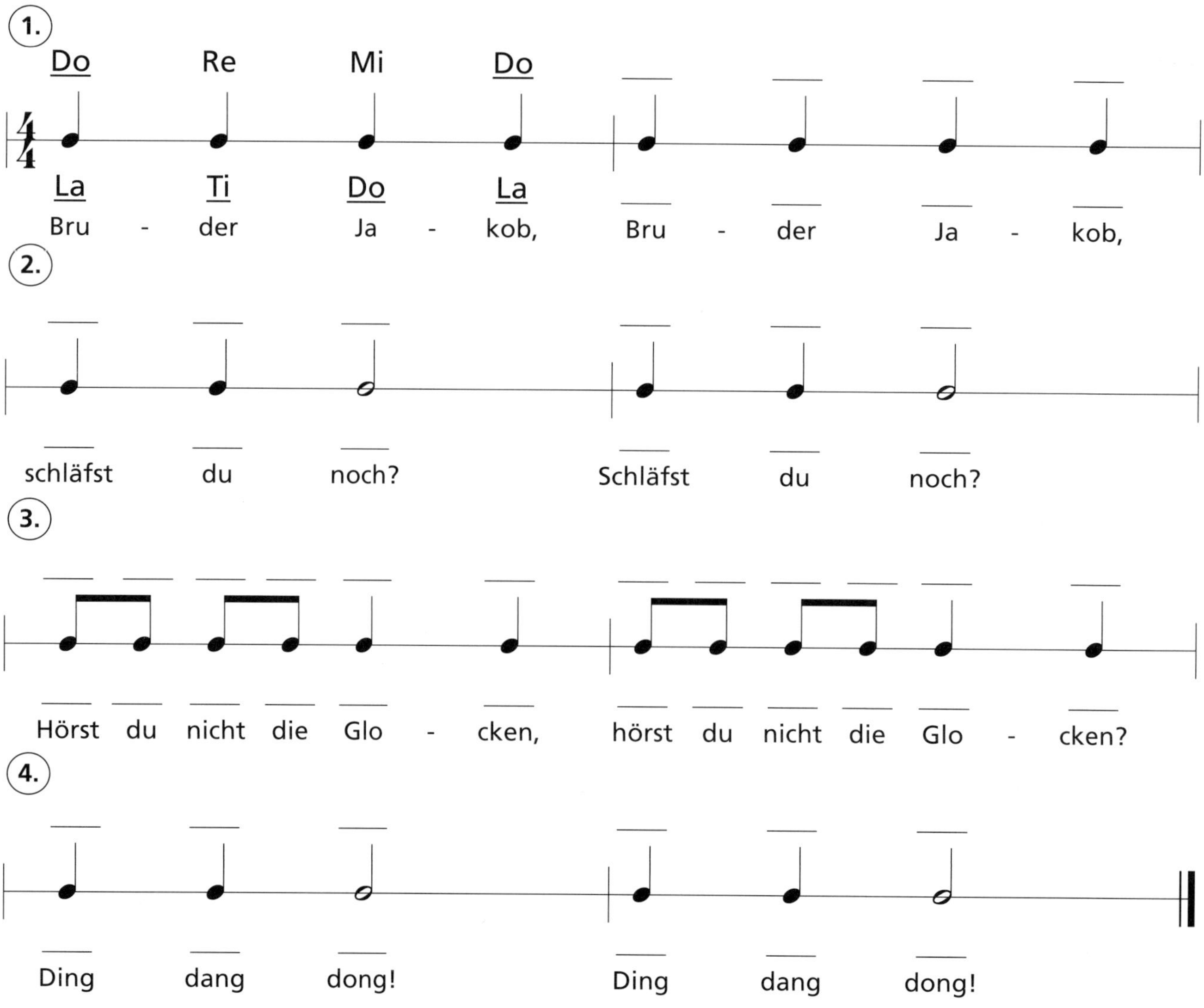

1.
Do Re Mi Do ___ ___ ___ ___
La Ti Do La ___ ___ ___ ___
Bru - der Ja - kob, Bru - der Ja - kob,

2.
schläfst du noch? Schläfst du noch?

3.
Hörst du nicht die Glo - cken, hörst du nicht die Glo - cken?

4.
Ding dang dong! Ding dang dong!

Level 5,
Instrument: Xylofon, Do auf F

Name: ....

Kanon in Dur und Moll

4 Wie heißt das hinter diesem Lied liegende Kompositionsprinzip?

____

5 Geht in vier Gruppen zusammen: Jede Gruppe bildet einen Kreis; so könnt ihr euch beim Singen besser hören. Singt das Lied mit mehrfacher Wiederholung. Alle zwei Takte setzt eine neue Gruppe ein.

6 Ergänzt die Definition dieser Art von Komposition:

Ein ______________ ist eine mehrstimmige Komposition, bei der eine ________________

nach der ________________ einsetzt, wobei die erste Stimme von den anderen Stimmen

______________ kopiert wird.

Lösungswörter: exakt – Stimme – anderen – Kanon

7 Versetze alle Töne um zwei Solmisationssilben in das parallele Moll. Die Melodie beginnt dann mit dem Ton La = D. Notiere die Solmisationssilben **unter** die Noten.

8 Spiele und singe das Lied nacheinander in Moll und Dur.

9 Beschreibe die Wirkung, die in der Mollversion von Bruder Jakob aufkommt, in eigenen Worten:

____

____

____

____

Echo und Sequenz

Eine kleine Abfolge von Tönen nennt man „Motiv". Diese können ganz unterschiedlich verwendet werden.

1. **Echo spielen:** Spielt zu zweit mit *tabDo!*: Eine Person spielt das Motiv, die andere antwortet mit der gleichen Tonfolge.

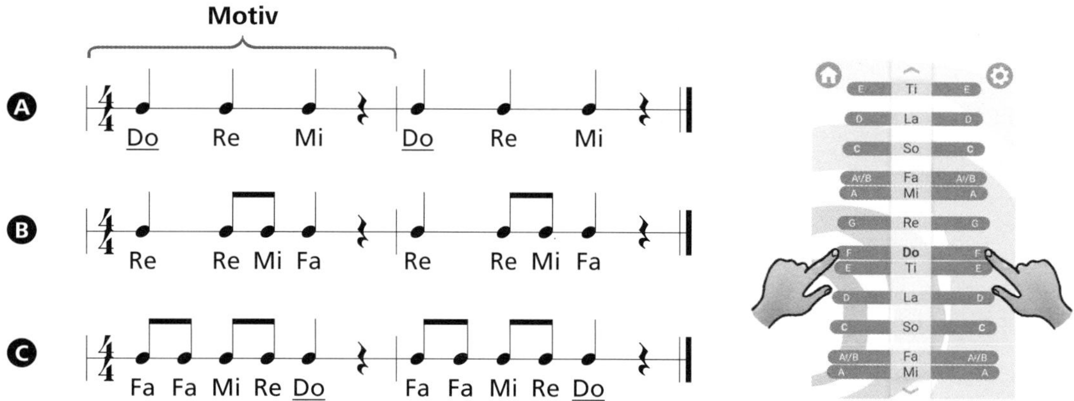

2. **Echo erfinden:** Spielt zu zweit: Eine Person erfindet ein Motiv und nennt nur den Anfangston (z. B. „Re"). Die andere Person versucht, das Echo aus dem Gehör nachzuspielen.

3. **Eine Sequenz spielen:** Spielt gemeinsam zunächst das Motiv, dann abwechselnd die folgenden Takte. Man nennt die Wiederholung des Motivs auf jeweils anderen Tonstufen „Sequenz".

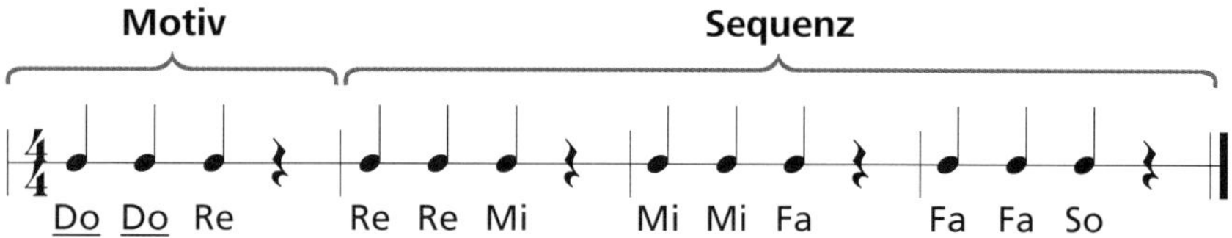

4. **Eine Sequenz bilden:** Spielt gemeinsam von folgendem Motiv aus die Sequenz (das Motiv dreimal wiederholen).

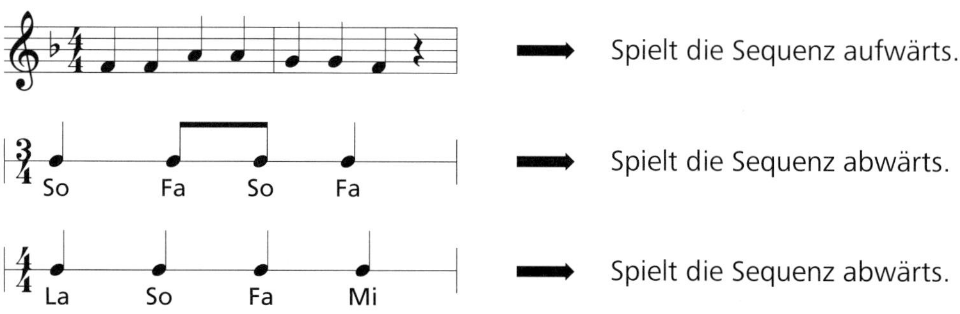

5. **Eine eigene Sequenz:** Erfindet eigene Motive aus vier Tönen: eine Person spielt vor, die andere führt das Motiv als Sequenz fort.

Level 5,
Instrument: Klavier, Do auf C

Name:

....

Imitationen und Sequenzen

1. Spiele die musikalische Idee (diese heißt lateinisch „Inventio") von J. S. Bachs Invention Nr. 1 mit *tabDo!* nach und singe mit, bis du sie auswendig kannst.

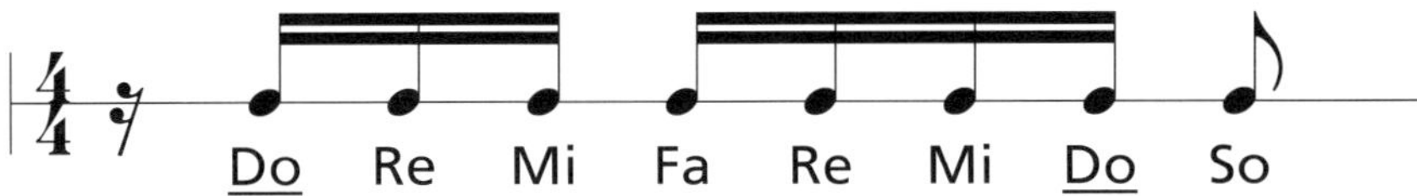

Bach baut sein Musikstück größtenteils auf dieser Idee auf, z. B. als Imitation, indem er von einem anderen Ton aus startet.

2. Spiele die Tonfolge jetzt statt von Do aus ab Anfangston Re.

3. Notiere die Solmisationssilben für die Imitation unter die Noten.

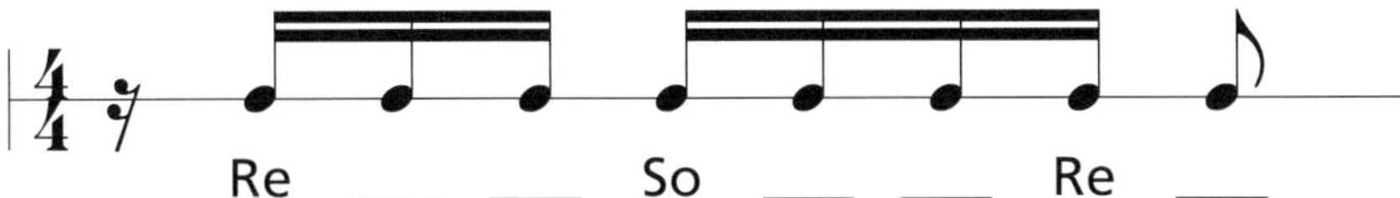

4. Wird diese Tonfolge verschoben, und von jeweils einer anderen Tonstufe aus mehrfach wiederholt, nennt man diese Bewegung „Sequenz". Spiele die Inventio als Sequenz, beginne zunächst mit Do, dann ab Anfangston Re und schließlich ab Mi. Notiere dazu vorab die Solmisationssilben für die Imitation ab Mi.

5. Erfinde eine Version, indem du die Reihenfolge der Töne der Inventio änderst. Verwende dafür nur Töne zwischen Do und So.

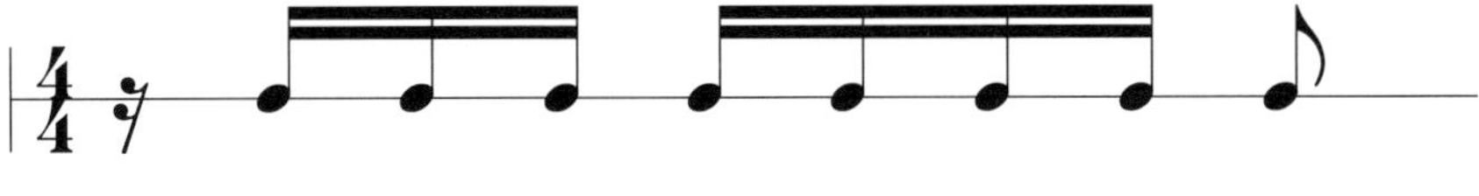

___ ___ ___ ___ ___ ___ ___ ___

6. Spiele und übe deine Inventio mit *tabDo!* als Sequenz.

Level 5,
Instrument: Klavier, Do auf F

Name:

....

Improvisation zum Geburtstag

Improvisieren bedeutet in der Musik, dass man spontan und ohne Noten musiziert. Mit kleinen Hilfestellungen ist das für jeden machbar. Das Lied „Happy Birthday" eignet sich besonders gut, weil es jeder kennt.

Hap-py birth-day to you,
hap-py birth-day to you,
hap-py birth-day, happy birthday,
hap-py birth-day to you.

1. Spiele verschiedene Töne, während du den Text im Rhythmus dazu sprichst. Probiere mindestens drei verschiedene Versionen aus und entscheide, welcher Ton am Anfang bzw. am Ende erklingen sollte.

2. Spielt zu zweit abwechselnd die Zeilen mit neu erfundenen Melodien, sodass eine Art Gespräch über das Lied entsteht.

3. Natürlich kann man auch über andere Lieder oder Popsongs improvisieren, wenn man innerlich den Text im Rhythmus mitspricht.
Schreibe dir den Text eines Liedes oder Songs auf (z. B. den Refrain) und gehe wie in Aufgabe 1 und 2 vor.

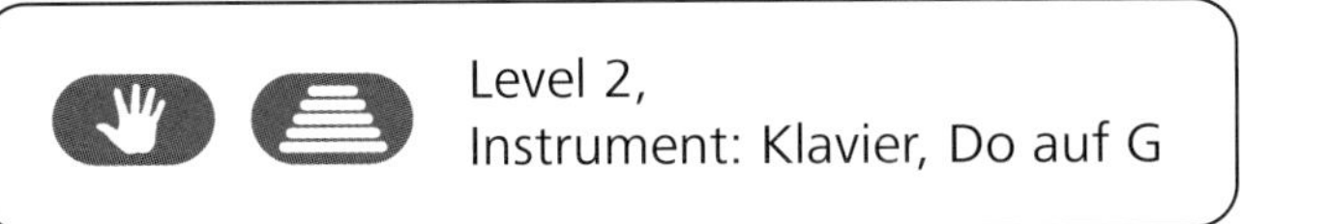

Vom Vor- zum Nachspiel

Improvisieren bedeutet in der Musik, dass man spontan und ohne Noten musiziert. Das klingt aber nur gut, wenn man ein bestimmtes Vorwissen und einiges an Übung hat. Mit kleinen Hilfestellungen ist es allerdings für jeden machbar.

„Old Mac Donald Had a Farm" – dieses Lied eignet sich besonders gut, weil es viele kennen. Die Melodie geht so:

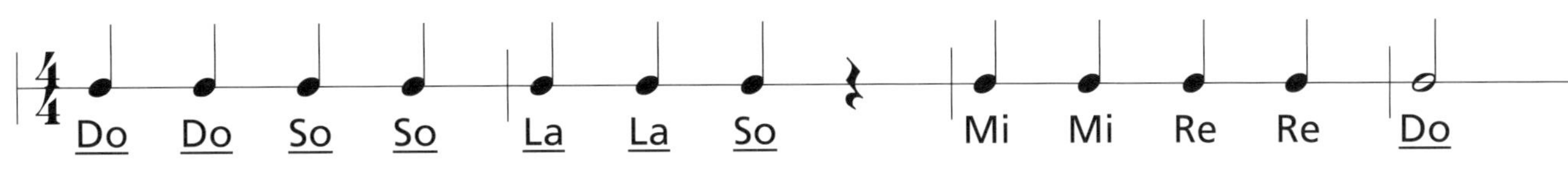

(1) Erfinde mit genau diesem Rhythmus ein Vorspiel, ein Zwischenspiel und ein Nachspiel, indem du die Töne in anderer Reihenfolge spielst.

- ➡ Improvisiere immer genau 4 Takte für Vorspiel, Zwischenspiel und Nachspiel.
- ➡ Wenn du sicherer wirst, kannst du den Rhythmus ein wenig verändern.
- ➡ Hast du eine gute Version gefunden, notiere sie unter die Silben oben.

Ihr könnt die Aufgabe auch zu zweit machen, indem jede Person zwei Takte spielt. Verwendet dafür den Tonleiter-Bildschirm.

(2) Erfinde einen neuen Liedtext zur Melodie von „Old Mac Donald" und notiere ihn unter den hier abgedruckten Liedtext.

Beachte die Betonungen und die Anzahl der Silben in beiden Zeilen.

Text u. Musik: überliefert

Level 7,
Instrument: Klavier, Do auf C

Name: ....

Techniken der Improvisation

Eine Technik der Improvisation ist die „Umspielung" des Themas („Chorus") mit rhythmischen und melodischen Veränderungen bei beibehaltender Akkordfolge („Changes").

① **Melodische Improvisationen üben:**

➥ Spiele zunächst das Motiv.

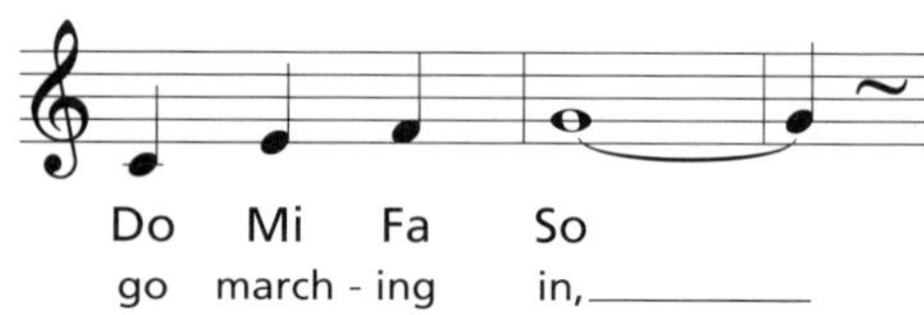

➥ Wiederhole nun die vier Töne, umspiele dabei aber einen davon mit Nebentönen, z. B. für Do=C die Umspielung: C-Cis-C-H-C.

② **Rhythmische Improvisationen üben:**

➥ Spiele zunächst die folgenden Takte.

➥ Suche anschließend neue Rhythmen für diese vier Melodietöne.

③ **Das Thema („Chorus") umspielen:** Spielt zu zweit mit *tabDo!*: Eine Person spielt die Melodie von „Oh When the Saints", danach improvisiert die zweite auf die Melodie wie in Aufgabe 1 bzw. 2 geübt.

Text u. Musik: überliefert

④ **Reflexion:** Improvisation findet zwischen Freiheit und Bindung statt.
Benenne Herausforderungen, die Musizierende beim Improvisieren bewältigen müssen.

____

____

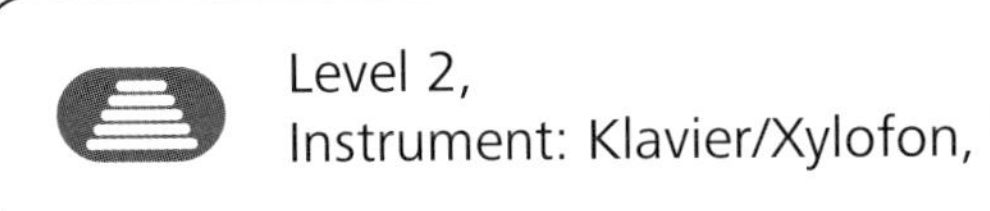

Level 2,
Instrument: Klavier/Xylofon, Do auf C

Name: ....

Kurze Texte vertonen: Sprücheklopfer

Du siehst hier verschiedene Sprüche, die nach einer schönen Melodie suchen.

1. Suche dir einen der Sprüche aus und sprich den Text im richtigen Rhythmus.
   Klopfe als Hilfe das Metrum leise mit.

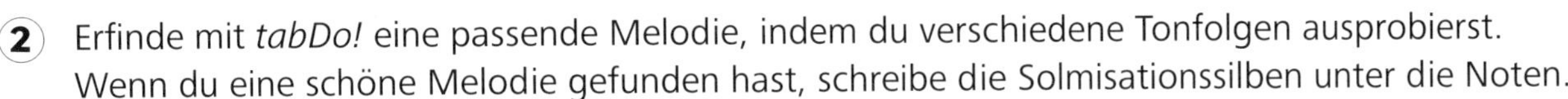

2. Erfinde mit *tabDo!* eine passende Melodie, indem du verschiedene Tonfolgen ausprobierst. Wenn du eine schöne Melodie gefunden hast, schreibe die Solmisationssilben unter die Noten.

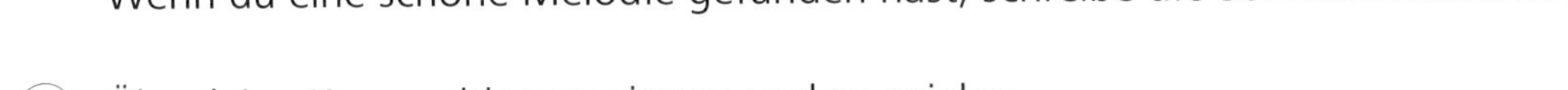

3. Übe deine Komposition zu singen und zu spielen.

4. Geht zu zweit zusammen: Tragt euch gegenseitig eure Melodie vor.

Spruch A: **Wer schläfrig ist**

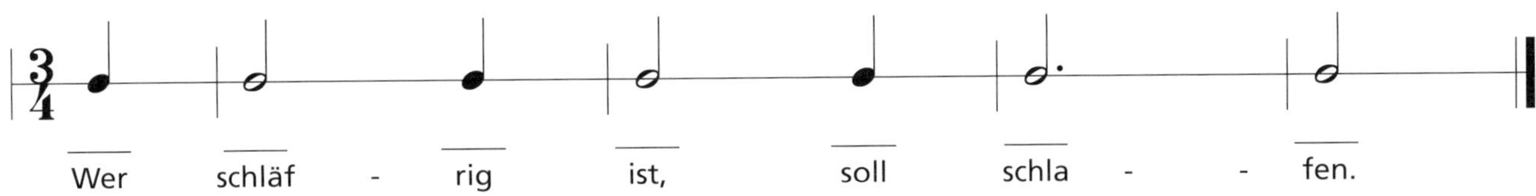

Spruch B: **Das ist ein Rhythmus**

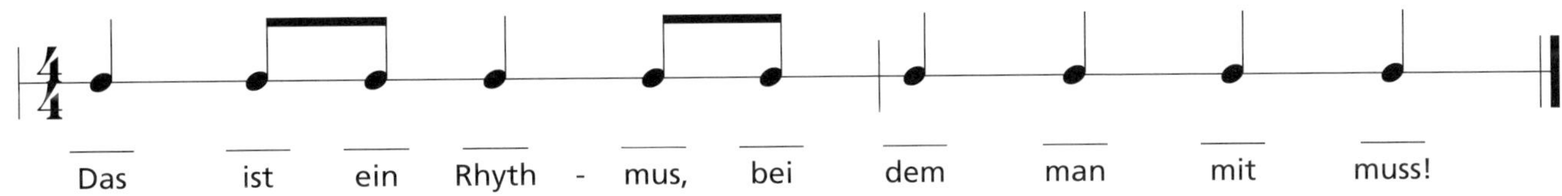

Spruch C: **Am liebsten**

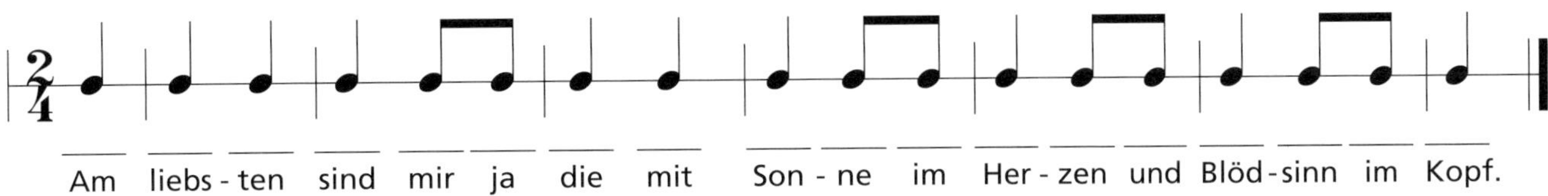

Level 1 bzw. 5, je nach Aufgabe, Instrument: Klavier, Do auf D

Name: ....

Ein Gedicht vertonen: CONRADs Reise

Komponiert mit *tabDo!* eine Melodie zu „CONRADs Reise" mit folgenden Regeln:

1. Do = Anfangs- und Schlusston
2. Zeile 1 und 3 sind gleich
3. viele Tonschritte, wenige Sprünge

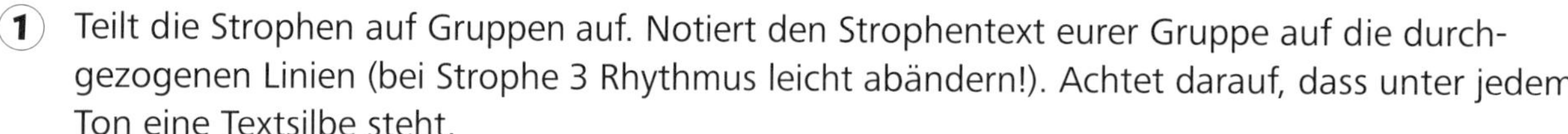

(1) Teilt die Strophen auf Gruppen auf. Notiert den Strophentext eurer Gruppe auf die durchgezogenen Linien (bei Strophe 3 Rhythmus leicht abändern!). Achtet darauf, dass unter jedem Ton eine Textsilbe steht.

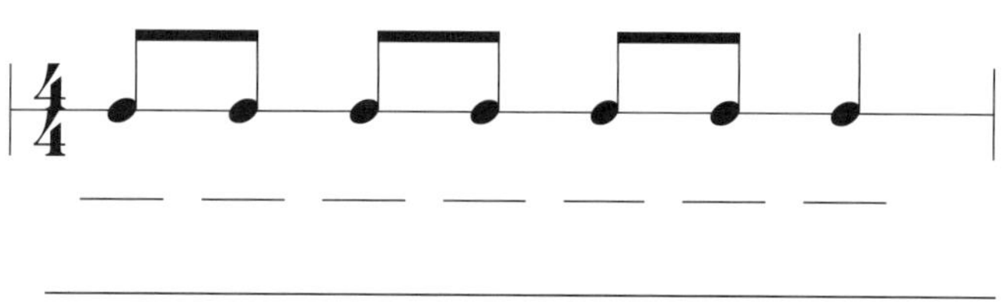

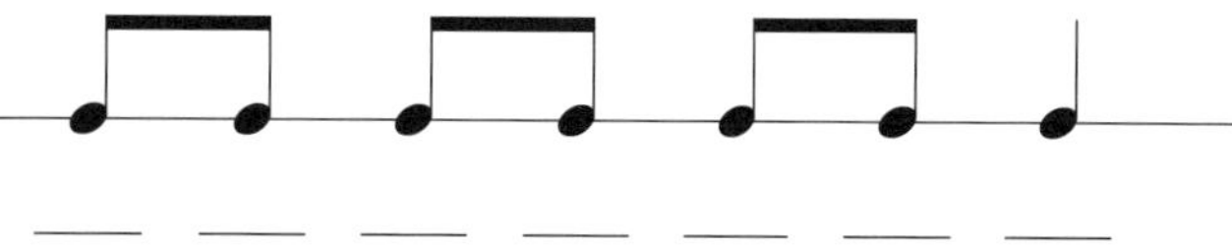

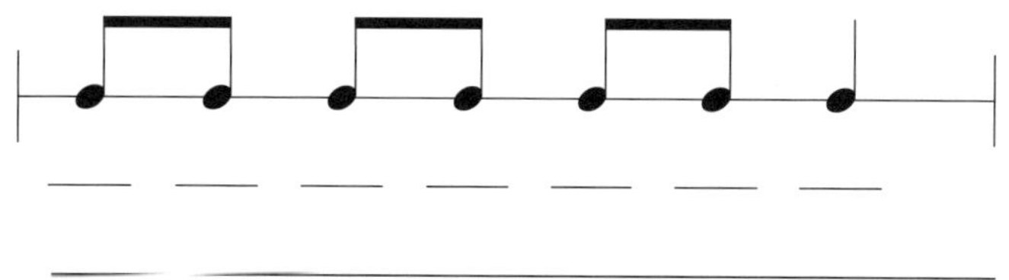

CONRADs Reise

Text: Hans Georg Lenzen
© Marcelle Lenzen

CONRAD kommt an einen Fluss,
den er überqueren muss.
CONRAD nimmt das C als Steg
und geht weiter seinen Weg.

ONRAD – denn so heißt er jetzt –
hat die Reise fortgesetzt.
Kommt der Wolf, das Ungetüm,
wirft er gleich das N nach ihm.

An den Felsen geht's nicht weiter,
ORAD nimmt das A als Leiter.
CONRAD heißt jetzt nur noch ORD –
doch er wandert weiter fort.

Schließlich kommt er an den See.
ORD steigt in das große D,
steuert mit dem R zurück,
bis nach Haus, das ganze Stück.

Vor der Tür steht CONRAD so
nur noch mit dem großen O.
Ruft der Vater aus dem Haus:
„CONRAD – O – wie siehst du aus!"

(2) Stellt auf *tabDo!* den Hand-Bildschirm und Level 1 ein. Erfindet jetzt mit *tabDo!* eine schöne Melodie und schreibt diese Solmisationssilben unter die Noten in Aufgabe 1.

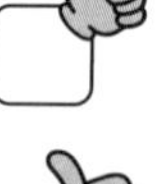

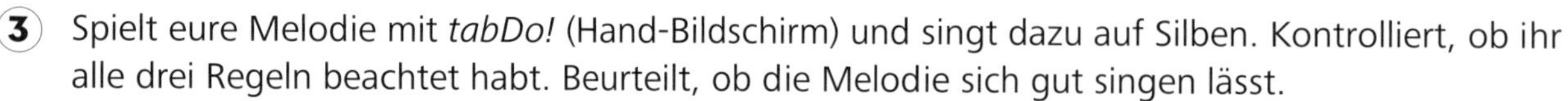

(3) Spielt eure Melodie mit *tabDo!* (Hand-Bildschirm) und singt dazu auf Silben. Kontrolliert, ob ihr alle drei Regeln beachtet habt. Beurteilt, ob die Melodie sich gut singen lässt.

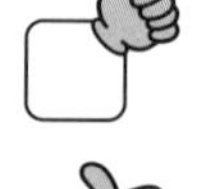

(4) Übertragt euer Lied in die Notenschrift. Stellt dazu den Noten-Bildschirm auf Level 5 ein.

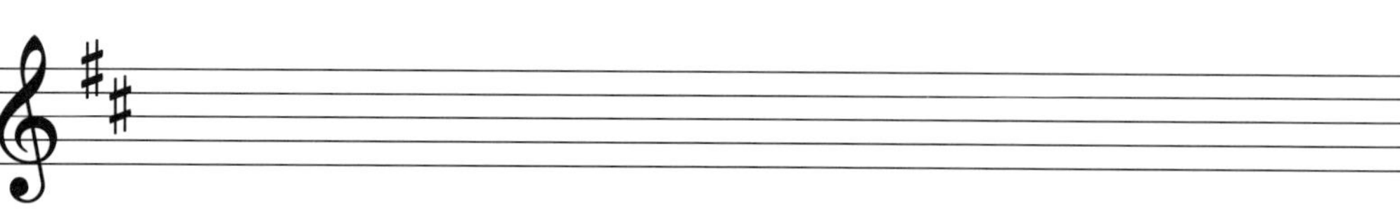

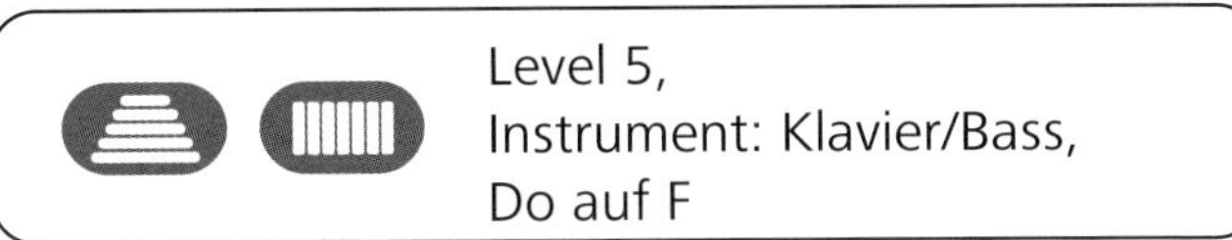

Name: ....

Erste Schritte zum Songwriting

1 Geht zu zweit zusammen. Spielt zunächst die folgende Akkordfolge: Eine Person spielt die Akkordsymbole mit *tabDo!* auf dem Bass, die anderen spielen jeweils einen der drei Akkordtöne mit dem Klavierklang. Eine Person kann die Akkorde auch an einem richtigen Klavier ergänzen.

Spielt in einem mittleren Tempo: ♩ =120 bpm

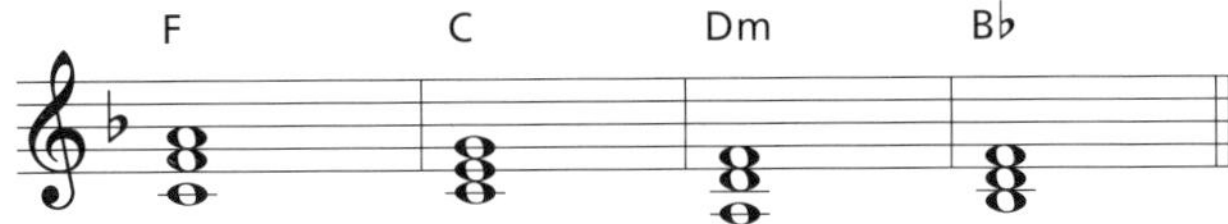

2 Der untenstehende Text wurde zu der Akkordfolge geschrieben. Sprecht den Text zum Bass- oder Akkordspiel so lange, bis ihr eine geeignete Verteilung der Silben und passende Betonungen gefunden habt. Unterstreicht die betonten Silben.

Hörst du diesen Song von mir? Er klingt so schön, ich schenk ihn dir!

3 Erfindet nun für den Text in eurem Rhythmus eine Melodie mit *tabDo!*. Notiert die Solmisationssilben der gefundenen Melodie unter den Text.

4 Aufführung: Eine Person spielt in ständiger Wiederholung die Töne der Akkordsymbole mit *tabDo!*, die anderen die Akkordfolge auf dem Klavier. Dazu singt ihr gemeinsam eure Melodie mit dem Text und eurem gewählten Rhythmus.

Level 2,
Instrument: Klavier, Do auf G

Name: ....

Spielen mit der Pentatonik

1 Singt gemeinsam das Lied (evtl. zur Instrumentalbegleitung).

Amazing Grace

Text: J. Newton
Musik: überliefert

2 Fasse die in der Melodie verwendeten Tonhöhen und Solmisationssilben in ganzen Noten aufsteigend zu einer Tonleiter zusammen und spiele sie mit *tabDo!*.

Manche Töne musst du dafür um eine Oktave nach oben transponieren.

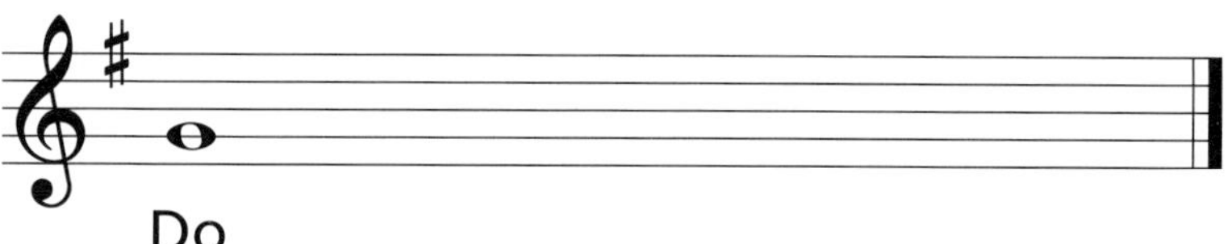

3 Ergänze die Definition:
Besteht ein Lied nur aus (griech. penta) ________ verschiedenen Tönen ohne ______________

______________________________, dann heißt die verwendete Tonleiter ________________.

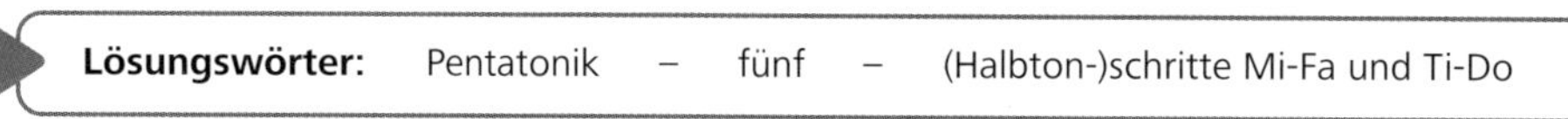
Lösungswörter: Pentatonik – fünf – (Halbton-)schritte Mi-Fa und Ti-Do

4 Improvisiere vier Takte mit der pentatonischen Tonleiter. Verwende dazu den Rhythmus der ersten vier Takte des Liedes (siehe Umrandung in den Noten).

5 Führt das Stück auf: Legt dazu fest, wer ein viertaktiges Vor-, Zwischen- oder Nachspiel improvisiert. Singt anschließend beide Strophen mit den Improvisationen.

Level 6,
Instrument: Klavier, Do auf D

Name:

....

Dur- und Molltonleitern singen und spielen

Tonleitern singen macht Spaß und *tabDo!* unterstützt und hilft dabei, die gesungenen Töne zu überprüfen. Die folgenden Übungen macht ihr zu zweit. Wechselt ab beim Singen und Spielen!

1. Singe die Tonleiter: Stehe dabei langsam auf (Tonleiter aufwärts) und setze dich langsam wieder hin (Tonleiter abwärts). Singe diese Übung dreimal, dein Partner oder deine Partnerin spielt die Töne auf *tabDo!* mit. Tauscht anschließend die Rollen.

D-Dur-Tonleiter

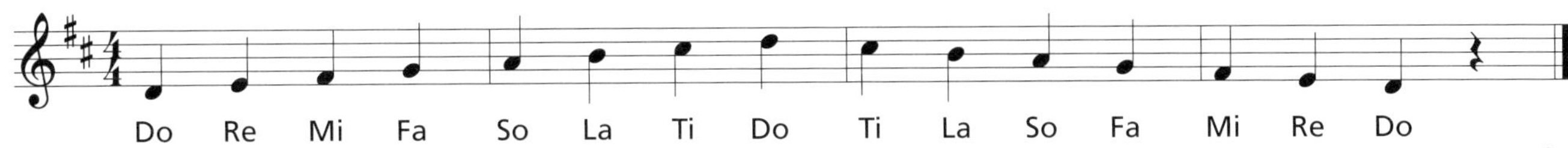

2. Singe die Tonleiter: Gehe dabei vom Piano ins Forte über (der höchste Ton ist der lauteste) und wieder zurück. Singe diese Übung dreimal, dein Partner oder deine Partnerin spielt die Töne auf *tabDo!* mit. Tauscht anschließend die Rollen.

Natürliche h-Moll-Tonleiter

3. Singe die Tonleiter: Gehe dabei vom fröhlichen in einen wütenden Zustand über (höchster Ton) und wieder zurück. Wichtig ist, dass alle anderen Töne dazwischen mit gemischten Gefühlen zwischen fröhlich und wütend gestaltet sind! Singe diese Übung dreimal, dein Partner oder deine Partnerin spielt die Töne auf *tabDo!* mit. Tauscht anschließend die Rollen.

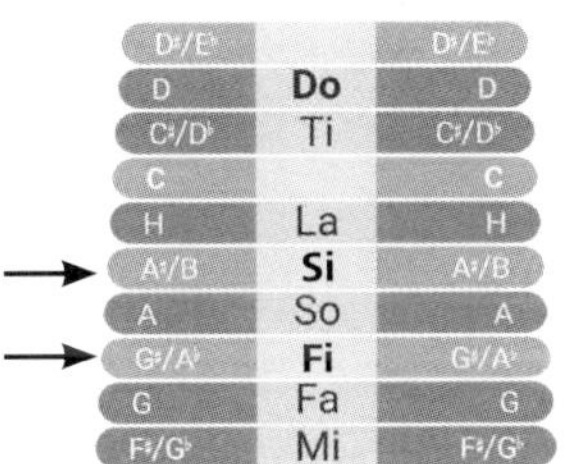

Harmonische h-Moll-Tonleiter

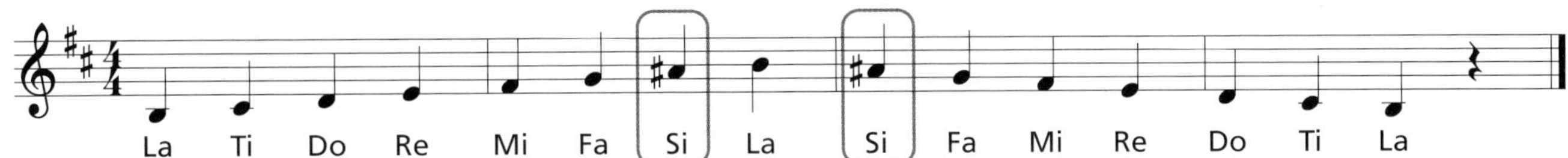

4. Singt die Töne der Tonleiter abwechselnd (erste Person: La, zweite Person: Ti usw.) Singt diese Übung dreimal. Dabei begleitet jeder nur seinen eigenen Sington selbst mit *tabDo!*.

Bei der Tonleiter abwärts sind Auflösungszeichen notiert!

Melodische h-Moll-Tonleiter

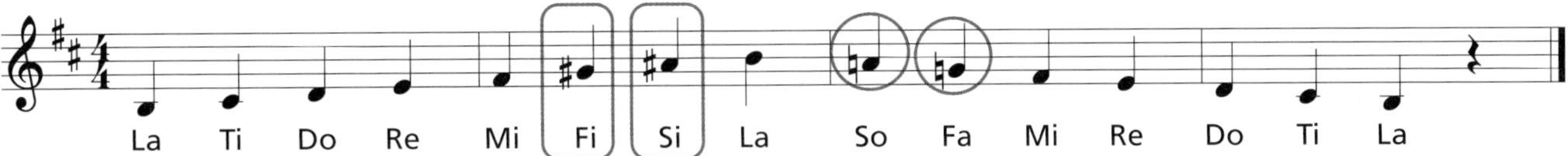

Level 7,
Instrument: Klavier, Do auf F

Name: ....

Spielen mit der Chromatik

1. Höre und singe den Beginn der „Habanera" aus der Oper „Carmen" von George Bizet. Achte dabei auf den Melodieverlauf der ersten drei Takte (siehe Umrandung in den Noten).

2. Spiele die ersten drei Takte des Notenbeispiels. Notiere mithilfe von *tabDo!* über die Noten die verwendeten Notennamen. Beachte die Vorzeichen und die Auflösungszeichen!

Georges Bizet: **Habanera**

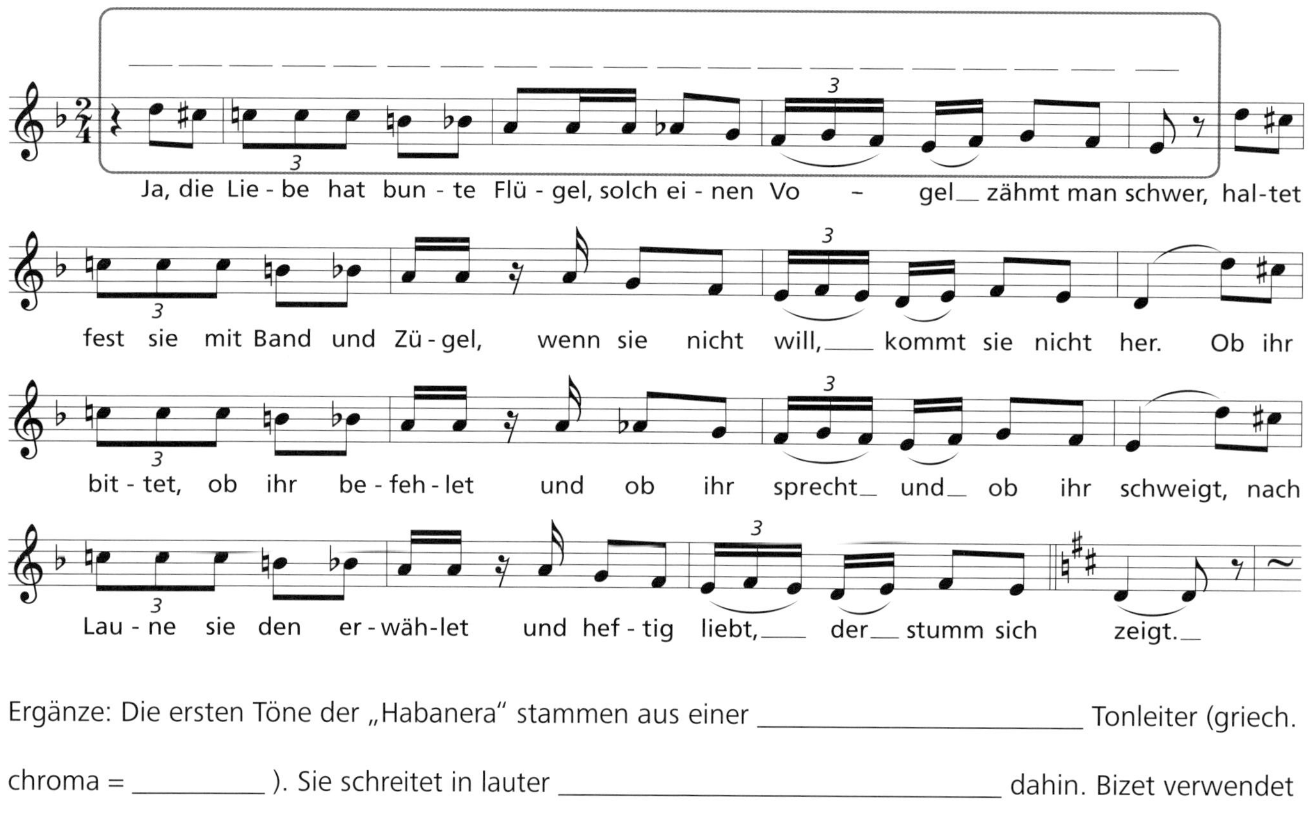

Ergänze: Die ersten Töne der „Habanera" stammen aus einer ______________ Tonleiter (griech. chroma = __________). Sie schreitet in lauter ______________ dahin. Bizet verwendet diese Tonleiter, z. B. als Symbol für die Liebe, die (wie die Tonleiter) ______________ wirkt.

Lösungswörter: geheimnisvoll – Farbe – Halbtonschritten – chromatischen

3. Die Töne des Liedes sind hier als absteigende Tonleiter notiert – allerdings mit drei Fehlern. Korrigiere sie, indem du die Versetzungszeichen ♯, ♭ oder Auflösungszeichen ♮ streichst oder ersetzt.

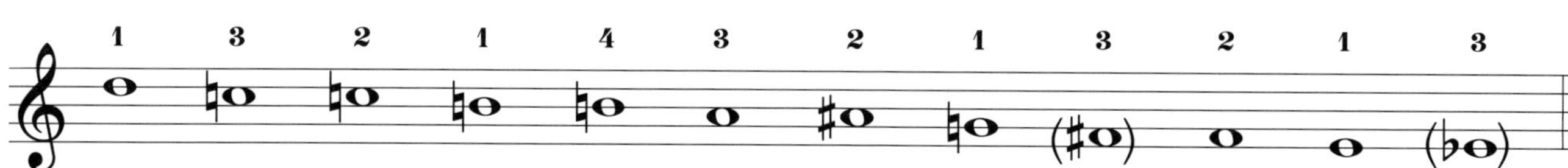

4. Übe mit *tabDo!* die in Aufgabe 3 korrigierte Tonleiter mit der rechten Hand zu spielen. Der Fingersatz steht über den Noten (**1** = Daumen, **2** = Zeigefinger, **3** = Mittelfinger, **4** = Ringfinger).

Level 7,
Instrument: Klavier, Do auf C

Name: ....

Spielen mit der Bluestonleiter

1 Notiere unter die Noten die Solmisationssilben der Melodie. Singe und spiele sie.

Blües-chen

Musik: H. Schiffels
© Helbling

2 Übertrage die in der Melodie verwendeten Tonhöhen und Solmisationssilben in ganzen Noten und spiele die entstandene Tonleiter.

Achte dabei auf die richtige Oktavlage der Töne.

3 Ergänze: Eine Bluestonleiter besteht aus einer ________________ (Fünftonleiter, halbtonlos: La-Do, Re, Mi-So) und beginnt auf der Tonsilbe La. Sie kann weitere Töne (________________) enthalten, z. B. einen ____________________ zwischen ____ und ____.

Lösungswörter: Distanzton – Re – Pentatonik – Mi – Bluenotes

4 Zu zweit: Eine Person spielt eine Zeile des „Blües-chens", die zweite Person erfindet danach eine viertaktige Improvisation mit den Tönen der Bluestonleiter. Tauscht die Rollen.

Level 5,
Instrument: Klavier/Bass, Do auf C und D, je nach Aufgabe

Name:

....

Schlusswendungen (Klauseln)

Die Kombination mehrerer melodischer Klauseln haben jahrhundertelang die Mehrstimmigkeit geprägt. Die Bedeutung der Klauseln ist auch nach Jahrhunderten noch nicht verloren gegangen.

Die **Tenorklausel** ist absteigend, meist geprägt durch den Schritt **Re-<u>Do</u>**.
Die **Sopranklausel** ist aufsteigend, meist geprägt durch den Schritt **<u>Ti</u>-Do**.
Die **Bassklausel** ist meist absteigend, geprägt durch den Schritt **So-<u>Do</u>**.

1 Markiere und beschrifte mit verschiedenen Farben im Notenbeispiel, wo sich die beschriebenen Klauseln befinden.

2 Geht zu dritt zusammen: Spielt und singt die drei Zeilen mit *tabDo!* erst einstimmig. Wenn ihr sicher seid, versucht die oberen beiden Stimmen zweistimmig zu spielen und zu singen.

3 Nehmt nun auch die dritte Stimme dazu.

4 Notiere und benenne die drei wichtigsten Klauseln in D-Dur, Do=D (!). Ergänze die fehlenden Noten und Vorzeichen auf den Notenzeilen im Violinschlüssel mithilfe des Noten-Bildschirms.

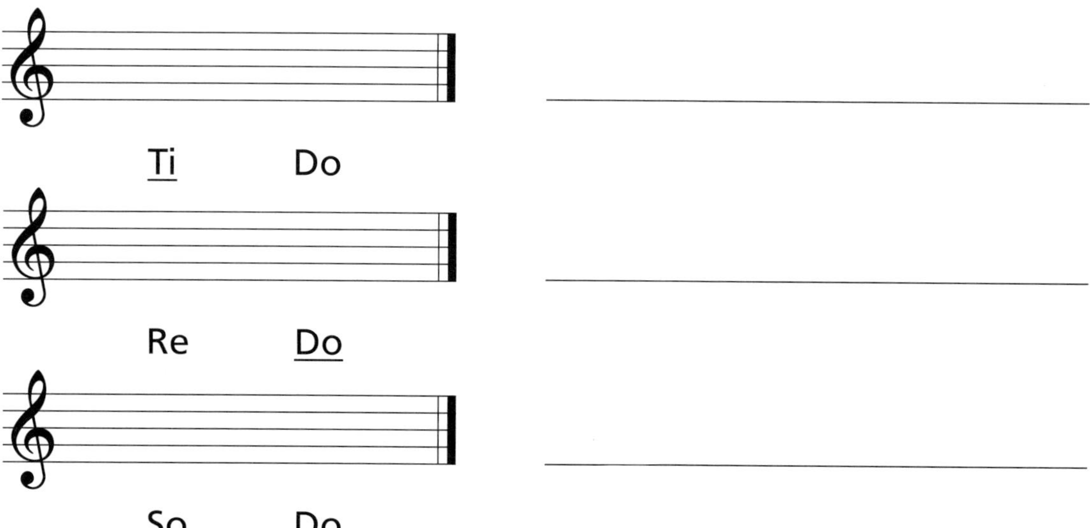

Level 5,
Instrument: Klavier/Bass, Do auf C

Name: ....

Kadenzen in Dur spielen

1 Geht zu viert zusammen: Spielt mit *tabDo!* die abgebildeten Chormelodien einstimmig. Tragt unter die Noten die fehlenden Solmisationssilben ein.

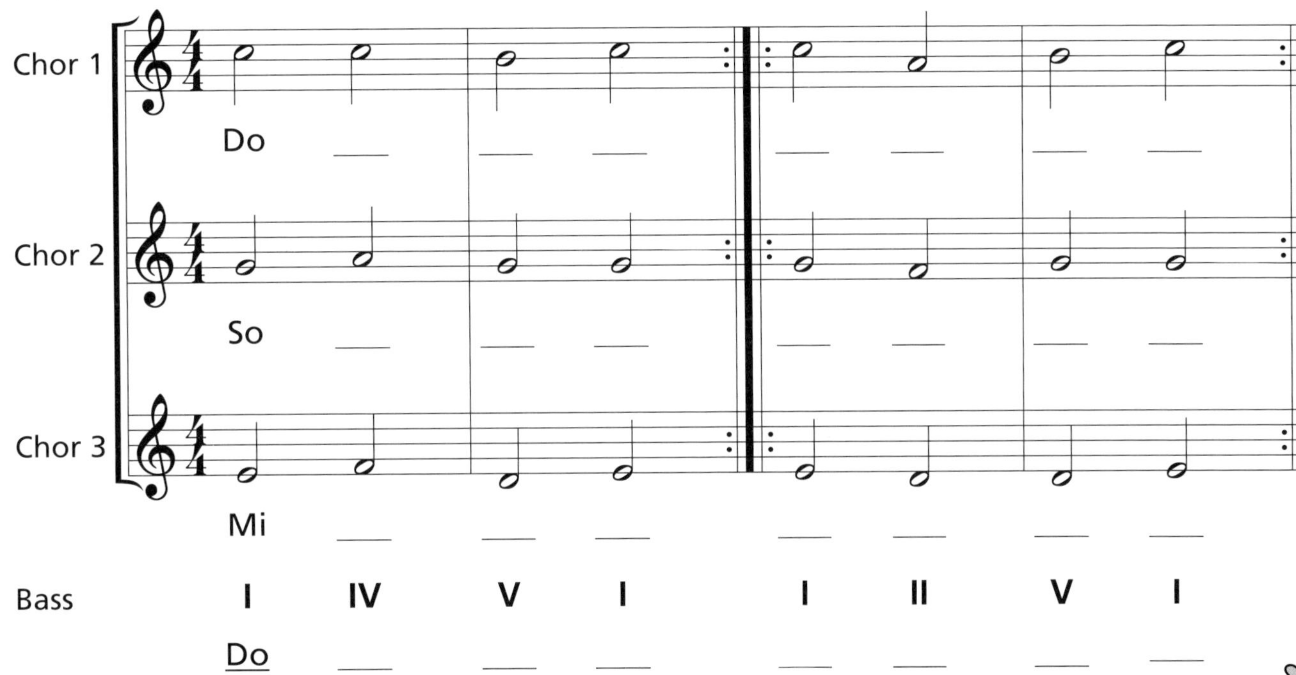

2 Singt die Melodien dreistimmig, eine Person spielt dafür anfangs noch mit *tabDo!* die einzelnen Stimmen zur Kontrolle mit.

3 Zur Bassbegleitung: Notiert die passenden Solmisationssilben unter die römischen Ziffern der angegebenen Stufen. Spielt dann die Basstöne als vierte Stimme zu den dreistimmig gesungenen Akkorden mit.

Hauptstufen: I = Do = ____ IV = Fa = ____ V = ____ = G **Nebenstufe**: II = ____ = ____

4 Übertragt (Fachbegriff: Transponiert) die ersten beiden Takte von C-Dur nach D-Dur, Do = D. Ergänzt dazu die fehlenden Noten und Vorzeichen auf den Notenzeilen.

Nutzt als Hilfe den Noten-Bildschirm.

Name: ....

Höraufgaben mit *tabDo!*

Um ein neues Stück oder ein neues Lied zu erlernen, ist es wichtig, den Verlauf einer Melodie schnell zu erfassen. Dies kannst du anhand der folgenden Aufgaben zusammen mit einer Partnerin oder einem Partner üben.

1 Spiele eine der Tonfolgen auf dem **Hand-Bildschirm** (wähle ein beliebiges Do). Deine Partnerin oder dein Partner liest in der Tabelle mit und findet so heraus, welche Zeile du gespielt hast. Singt sie anschließend zusammen mit *tabDo!*.

Übungen im 4/4-Takt					
Zählzeit	1	2	3	4	1
Level 1	Do	Mi	Re	So	Do
Level 1	Do	So	Re	So	Do
Level 2	Do	La	So	Mi	Do
Level 2	La	So	Mi	Re	Do

Übungen im 3/4-Takt							
Zählzeit	1	2	3	1	2	3	1
Level 1	Do	Mi	Re	So	Mi	Re	Do
Level 5	Do	Ti	Do	Fa	Mi	Re	Do

2 Erstelle nach diesem Prinzip selbst Höraufgaben und spiele sie einer zweiten Person oder der Klasse vor. Lege dafür Level und Bildschirm von *tabDo!* fest.

Übungen im 4/4-Takt					
Zählzeit	1	2	3	4	1
Level __					
Level __					
Level __					
Level __					
Level __					
Level __					
Level __					
Level __					
Level __					

Übungen im 3/4-Takt							
Zählzeit	1	2	3	1	2	3	1
Level __							
Level __							
Level __							
Level __							
Level __							
Level __							
Level __							
Level __							
Level __							

Lösungen und methodische Hinweise zu allen Arbeitsblättern

AB 1, S. 10

Die Melodie von **Big Ben** – Nachbau und Neubau

Lernziel
Die Schülerinnen und Schüler gewinnen Übung im Umgang mit vier Solmisationssilben: Do, Re, Mi, So. Sie erkennen unterschiedliche Tonhöhen beim Hören und können sie aus dem Gedächtnis wiedergeben und notieren. Sie entwickeln mit *tabDo!* kreativ neue Melodien des Big-Ben-Schlags.

Zeitbedarf
1 Unterrichtsstunde

Vorbereitung
Vorspielen (mit *tabDo!* oder am Klavier in G-Dur) der Melodie des „Westminsterschlags", wie sie zur vollen Stunde erklingt; Singen der Melodie auf Liedtext

Zu den Arbeitsaufträgen
- Die neuen Versionen des „Big-Ben"-Schlags können als Vorlage für einen Schulgong weiterverwendet werden.
- Als Vergleich kann die Originalmelodie in der originalen Tonart und Taktart vorgespielt werden.

Originalmelodie

Lösung zu Aufgabe ②

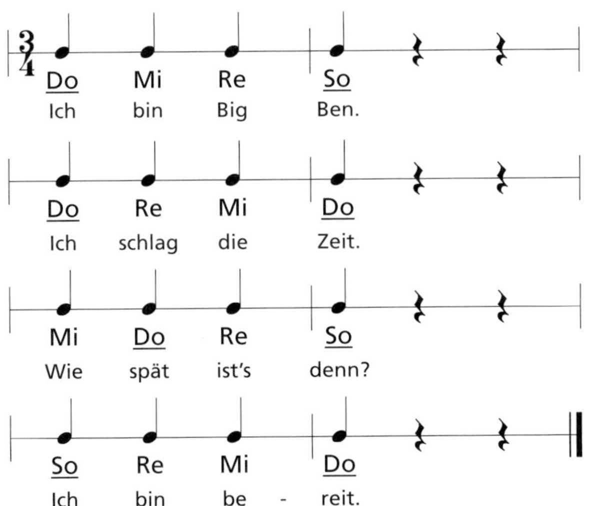

AB 2, S. 11

Lieder umbauen

Lernziel
Die Schülerinnen und Schüler gewinnen Übung im Umgang mit allen sieben Solmisationssilben: Do, Re, Mi, Fa, So, La, Ti. Sie spielen bekannte Melodien nach und bauen sie zu etwas Neuem zusammen.

Zeitbedarf
1 Unterrichtsstunde

Vorbereitung
Singen des Fangesangs „Olé, olé, olé, olé" sowie des Geburtstagsliedes „Happy Birthday"

Zu den Arbeitsaufträgen
Die neuen Versionen von „Happy Birthday" können die Ständchen für Geburtstagskinder in der Klasse ergänzen.

Lösung zu Aufgabe 1

Ich singe gerne schöne Lieder.

Lösung zu Aufgabe 3

Mi So Mi So Mi So Mi Do Mi Mi Mi Re So Mi Do

Mögliche Lösung zu Aufgabe 6

z. B. Ende nicht auf Grundton Do / Dreiklänge fehlen / viele große Sprünge

Leadsheet zu „Olé, olé, olé, olé"

Leadsheet zu „Happy Birthday"

AB 3, S. 12

Zufallsmelodie

Lernziel
Die Schülerinnen und Schüler gewinnen Übung im Komponieren mithilfe des Zufalls.

Zeitbedarf
1–2 Unterrichtsstunden

Vorbereitung

Würfel oder Würfelapp *online-wuerfel.de*

Zu den Arbeitsaufträgen

- Die Besetzung (Aufgabe 2) kann durch analoge Instrumente erweitert werden. So können auch Lautstärkeangaben wie f, mf, mp, p eine zufällige Zuordnung erfahren ebenso wie die Notenwerte Ganze, Halbe, Viertel etc.
- Das gegenseitige Zuhören (Aufgabe 3) stärkt das Bewusstsein für Tempobezeichnungen.
- Andere Zufallsoperationen können in Betracht gezogen werden.

AB 4, S. 13

Rhythmen vertonen: **Rhythmusuhr**

Lernziel

Die Schülerinnen und Schüler gewinnen Übung im Umgang mit Notenwerten und Pausen.

Zeitbedarf

1–2 Unterrichtsstunden (ggf. Verzicht auf Aufgabe 5)

Vorbereitung

Notenwerte Ganze, Halbe, Viertel und Achtel; für das Spiel: Gegenstände (z. B. Radiergummi, Münzen, Stiftkappen, Papierkügelchen)

Zu den Arbeitsaufträgen

- Die Rhythmusuhr eignet sich in besonderem Maße dazu, den Zusammenhang zwischen Puls und Unterteilung sowie rhythmische Phänomene zu visualisieren und deutlich zu machen. Eine Visualisierung ist insbesondere für die Arbeit mit rhythmischen Patterns, also immer wiederkehrenden Mustern, sehr hilfreich: Rhythmus ist also nicht als linear verlaufender Strang, sondern als kreisende Bewegung zu verstehen.
- Das Modell der Rhythmusuhr kann auch später für die Erarbeitung weiterer rhythmischer Phänomene (z. B. Punktierung) herangezogen werden.

AB 5, S. 14

Dialoge in verschiedenen Taktarten – 4/4 und 6/8

Lernziel

Die Schülerinnen und Schüler lernen den Umgang mit Taktarten anhand des musikalischen Prinzips von Frage und Antwort.

Zeitbedarf

1 Unterrichtsstunde (ggf. Verzicht auf Aufgabe 5)

Vorbereitung
Als Vorbereitung und für das Erspüren des 6/8-Takts, gleichmäßig „Bodensee, Bodensee, Bodensee, Bodensee, Düsseldorf, Düsseldorf, Düsseldorf, Düsseldorf" sprechen, dazu den Rhythmus auf dem Arbeitsblatt (mit Pause im jeweils 2. Takt) klatschen.

Zu den Arbeitsaufträgen
In Aufgabe 5 kann bei entsprechender Kenntnis auch das richtige Pausenzeichen über den entsprechenden Notenwert geschrieben werden.

AB 6, S. 15

Sprechvers im 3/4-Takt

Lernziel
Durch das Vertonen dieses Sprechstücks lernen die Schülerinnen und Schüler den Umgang mit der Taktart 3/4 kennen. Der Rhythmus wird durch Bodypercussion körperlich erfahren und so gefestigt.

Zeitbedarf
1 Unterrichtsstunde

Vorbereitung
Vorbereiten der Bodypercussion; ungerade Taktarten

Zu den Arbeitsaufträgen
Dieses Arbeitsblatt kann als Muster für weitere kreative Übungen und Vertonungen von Bodypercussion-Stücken dienen.

AB 7, S. 16

Intervalle singen und benennen

Lernziel
Die Schülerinnen und Schüler singen mithilfe der Solmisationssilben mit *tabDo!* alle Intervalle (ohne Feinbestimmung) und gewinnen Übung im Umgang mit allen sieben Solmisationssilben: Do, Re, Mi, Fa, So, La, Ti.

Zeitbedarf
1 Unterrichtsstunde

Vorbereitung
Im Vorfeld bietet es sich an, dass die Schülerinnen und Schüler den Unterschied zwischen großer und kleiner Terz bereits besprochen haben. Die Unterscheidung wird auf dem Arbeitsblatt bewusst weggelassen und nur mit den Solmisationssilben gearbeitet.

Zu den Arbeitsaufträgen

- Dieses Arbeitsblatt ist das anspruchsvollste Intervallübungsblatt. Es eignet sich vor allem für Schülerinnen und Schüler, die fortgeschrittene Erfahrungen im Singen von Solmisationssilben haben.
- Die Intervalle sollten mit der ganzen Klasse und *tabDo!* als Ergebnissicherung angesungen werden.

Lösung zu Aufgabe ③

Solmisationssilben	Intervallname	Aufwärts oder abwärts
<u>Do</u>-Re	**Sekunde**	**aufwärts**
<u>Do</u>-Fa	**Quarte**	**aufwärts**
<u>Do</u>-La	**Sexte**	**aufwärts**
Mi-<u>Do</u>	**Terz**	**abwärts**
La-<u>Do</u>	**Sexte**	**abwärts**
<u>Do</u>-So	**Quinte**	**aufwärts**
Ti-<u>Do</u>	**Septime**	**abwärts**
<u>Do</u>-Do	**Oktave**	**aufwärts**
Fa-Fa	**Prime**	—
Fa-Re	**Terz**	**abwärts**

AB 8, S. 17

Intervalle hören und bestimmen

Lernziel

Die Schülerinnen und Schüler singen mithilfe der Solmisationssilben mit *tabDo!* alle Intervalle und gewinnen Übung im Umgang mit allen sieben Solmisationssilben: Do, Re, Mi, Fa, So, La, Ti.

Zeitbedarf

1 Unterrichtsstunde

Vorbereitung

Intervallnamen; Hörerfahrungen mit Intervallen

Zu den Arbeitsaufträgen

- Dieses Arbeitsblatt dient als Hörübung zu den Intervallen.
- Die Intervalle sollten mit der Klasse und *tabDo!* auch als Ergebnissicherung angesungen werden.

AB 9, S. 18

Liedanfänge erkennen

Lernziel
Die Schülerinnen und Schüler singen mithilfe der Solmisationssilben mit *tabDo!* Liedanfänge und gewinnen Übung im Umgang mit allen sieben Solmisationssilben: Do, Re, Mi, Fa, So, La, Ti.

Zeitbedarf
1 Unterrichtsstunde

Vorbereitung
Unterscheidung Ganz- und Halbtonschritt; Liedanfänge als Notenbeispiele, z. B. durch Liederbücher

Zu den Arbeitsaufträgen

➥ Die Unterscheidung der Tonschritte wird mit diesem Arbeitsblatt vertieft. Die Liedanfänge sollten von der Lehrperson mit der Klasse angesungen werden:
A) Happy Birthday
B) Einigkeit und Recht und Freiheit (Deutschlandhymne)
C) Jingle Bells, Refrain

➥ Um die Übung zu erleichtern, können die Liedanfänge auch im Vorfeld genannt werden.

Lösung zu Aufgabe ①

Liedtitel A: **Happy Birthday (d)**
Liedtitel B: **Einigkeit und Recht und Freiheit (b)**
Liedtitel C: **Jingle Bells, Refrain (c)**

Lösung zu Aufgabe ②

Die Liedanfänge klingen unterschiedlich, weil die Tonabstände nur **ungefähr** dem Original entsprechen. Es kommt besonders auf die **passende** Lage der **Halbtonschritte** an.

AB 10, S. 19

Intervalle singen

Lernziel
Die Schülerinnen und Schüler singen mithilfe der App *tabDo!* alle Intervalle (ohne Feinbestimmung) und gewinnen Übung im Umgang mit allen sieben Solmisationssilben: Do, Re, Mi, Fa, So, La, Ti. Durch das selbstständige Arbeiten mit den Aufgabestellungen vertiefen sie ihre Kenntnisse über Intervalle.

Zeitbedarf
1 Unterrichtsstunde

Vorbereitung
Vorbereiten der Intervalle (Namen und Hörtraining); Liedanfänge als Notenbeispiele, z. B. in Liederbüchern

Zu den Arbeitsaufträgen

- Ansingen der Liedanfänge im Anschluss
- Das Arbeitsblatt dient als abschließende Vertiefung einer Unterrichtssequenz über Intervalle.

AB 11, S. 20

Intervalle hören: Fußballspiel

Lernziel
Die Schülerinnen und Schüler gewinnen Übung im Umgang mit Intervallen.

Zeitbedarf
1 Unterrichtsstunde

Vorbereitung
Vorbereiten der Intervalle (Namen und Hörtraining); Tablet am Pult; Magnet als Fußball; Whiteboard oder Tafel; Dokumentenkamera

Zu den Arbeitsaufträgen

- Das Arbeitsblatt dient als Erklärung der Spielregeln für die Lehrperson und wird nicht an die Schülerinnen und Schüler ausgeteilt.
- Dieses Spiel in zwei Gruppen stärkt die Motivation, den Lerninhalt zu Intervallen zu vertiefen.
- Alternative zur Darstellung der Intervalle: Ein beliebiges Intervall wird mit *tabDo!* so vorgespielt, dass man an der Tafel (z. B. über die Dokumentenkamera) nur die obere Hälfte des Noten-Bildschirms sieht. Ein Blatt verdeckt, welche Taste man auf der unteren Hälfte spielt. Bei der Anzeige leuchten oben die Töne gelb.
- Anstelle des Übens von Intervallen kann dieses Spiel auch auf andere musikalische Parameter übertragen werden, z. B. auf das Benennen von Notennamen.

AB 12, S. 21

Dreiklänge hören und benennen

Lernziel
Die Schülerinnen und Schüler singen und üben mithilfe der Solmisationssilben mit *tabDo!* Dreiklänge und gewinnen Übung beim Unterscheiden von Akkorden in Dur und Moll.

Zeitbedarf
1 Unterrichtsstunde

Vorbereitung
Im Vorfeld Klärung der Bezeichnung Grundton und Erarbeitung des unterschiedlichen Aufbaus von Dur- und Molldreiklängen; Kenntnis der Notennamen

Zu den Arbeitsaufträgen

Die Dreiklänge können mit der Klasse und *tabDo!* als Ergebnissicherung abschließend gemeinsam gesungen werden.

Lösung zu Aufgabe ②

	Tonnamen	Dreiklangsname
	c a f	**F-Dur**
♭ ♭	**b** **g** **es**	**Es-Dur**
	a **f** **d**	**d-Moll**
♯	**h** **gis** **e**	**E-Dur**

AB 13, S. 22

Tonarten bestimmen

Lernziel

Die Schülerinnen und Schüler gewinnen mithilfe der Solmisationssilben mit *tabDo!* Übung beim Unterscheiden von Tonarten in Dur und Moll.

Zeitbedarf

1 Unterrichtsstunde

Vorbereitung

Grundtöne bei Moll und Dur; Vorzeichen; parallele Tonarten; ggf. Liederbücher zum abschließenden Singen der Lieder

Zu den Arbeitsaufträgen

Die drei Lieder können mit der Klasse und *tabDo!* als Ergebnissicherung abschließend gemeinsam gesungen werden.

Mögliche Lösung zu Aufgabe ①

z. B. Anpassen an die Stimmlage des Sängers oder der Sängerin, Tonumfang von Instrumenten

Lösung zu Aufgabe ②

Töne mit Vorzeichen	Grundton = Do oder La?	Tonart
fis	**Do = G**	G-Dur
b	Do = F	**F-Dur**
fis	**La = E**	**e-Moll**

AB 14, S. 23

Die Wirkung von parallelen Dur- und Molltonleitern

Lernziel
Die Schülerinnen und Schüler üben die Solmisationssilben mit *tabDo!* zu notieren und lernen die Wirkung von Tonleitern in Dur und Moll zu unterscheiden.

Zeitbedarf
1 Unterrichtsstunde

Vorbereitung
Singen des Liedes „Sascha"; Grundton bei Dur- und Molltonleitern; Tonvorrat

Zu den Arbeitsaufträgen
AB 14 kann als Vorbereitung für AB 15 dienen.

Lösung zu Aufgabe ① und ②

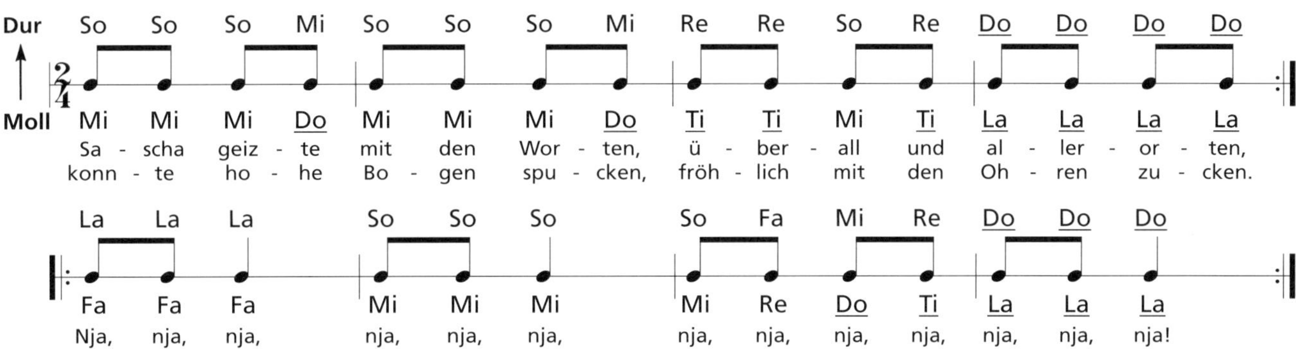

Lösung zu Aufgabe ③

Die Melodie in Moll klingt: **traurig, dunkler**
Die Melodie in Dur klingt: **fröhlich, heller**

Leadsheet zu **„Sascha geizte mit den Worten"**

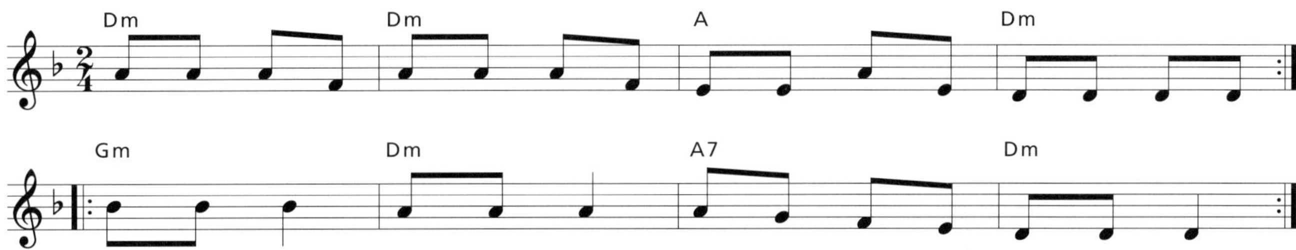

AB 15, S. 24

Der Aufbau von parallelen Dur- und Molltonleitern

Lernziel

Die Schülerinnen und Schüler üben die Solmisationssilben mit *tabDo!* zu notieren und die Lage der Halbtonschritte (Mi-Fa, Ti-Do) von Tonleitern in Dur und Moll zu unterscheiden.

Zeitbedarf

1 Unterrichtsstunde

Vorbereitung

Einstudierung bzw. Wiederholen des Liedes „Morgen kommt der Weihnachtsmann"; Halbtonschritte in der Dur- und Molltonleiter

Zu den Arbeitsaufträgen

Alternativ kann auch mit Liedtext gesungen werden:

Morgen kommt der Weihnachtsmann,
kommt mit seinen Gaben.
Bunte Lichter, Silberzier.
Kind mit Krippe, Schaf und Stier.
Zottelbär und Panthertier
möcht ich gerne haben

Lösung zu Aufgabe ① und ③

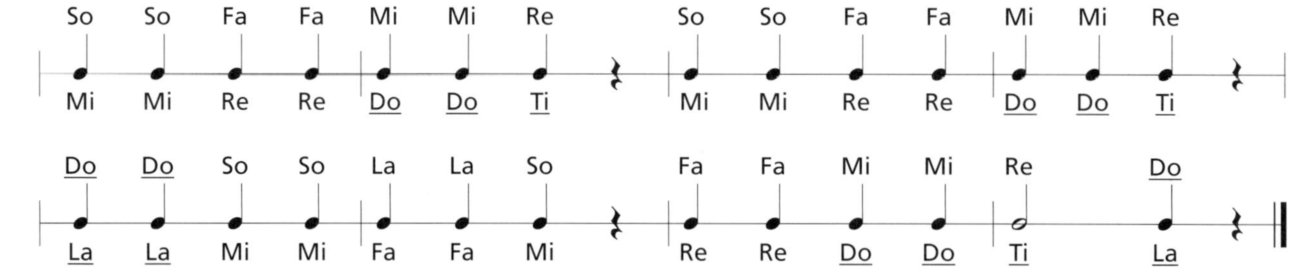

Lösung zu Aufgabe ⑤

Bei der Durtonleiter befinden sich die Halbtonschritte zwischen dem **3.** und **4.** sowie dem 7. und 8. Ton. Bei der **natürlichen Molltonleiter** befinden sich die Halbtonschritte zwischen dem 2. und 3. sowie dem **5.** und **6.** Ton.

Leadsheet zu **„Morgen kommt der Weihnachtsmann"**

AB 16, S. 25

Lieder singen und spielen

Lernziel
Die Schülerinnen und Schüler lernen Volksliedmelodien zu singen, zu spielen und zu begleiten.

Zeitbedarf
1 Unterrichtsstunde

Vorbereitung
Singen der Lieder (ggf. jeweils das ganze Lied)

Zu den Arbeitsaufträgen

Lösung (mit Liedtext) zu Aufgabe ①

Liedtitel A: **Auf der Mauer, auf der Lauer (sitzt 'ne kleine Wanze)**

Liedtitel B: **Bruder Jakob (Bruder Jakob, schläfst du noch?)**

Liedtitel C: **Hänschen klein (ging allein in die weite Welt hinein?)**

Liedtitel D: **Kuckuck, Kuckuck (ruft's aus dem Wald)**

AB 17, S. 26/27

Musikstücke-Puzzle

Lernziel
Die Schülerinnen und Schüler gewinnen einen Einblick in den Aufbau zweier berühmter klassischer Melodien.

Zeitbedarf
2 Unterrichtsstunden

Vorbereitung
Hören bzw. Singen von Smetanas „Moldau" und Mozarts „Das klinget so herrlich"

Zu den Arbeitsaufträgen
Es empfiehlt sich das Arbeitsblatt auf zwei unterschiedliche Unterrichtsstunden aufzuteilen, um die jeweiligen Kurzportraits über die Komponisten und Kompositionen mit dem Arbeitsblatt zu verbinden.

Lösung zu Aufgabe ① und ②

Bedřich Smetana: **Die Moldau**

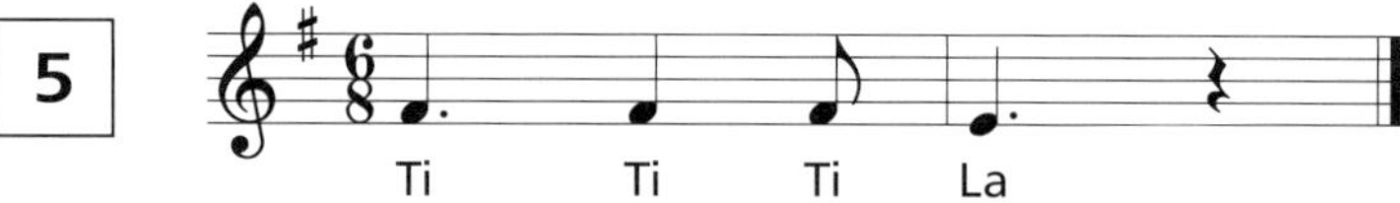

Wolfgang Amadeus Mozart: **Das klinget so herrlich**

Klaviersatz zur „**Moldau**"

Klaviersatz: T. Müller

Em
Em
C
G
Am6
Em
H7
Em

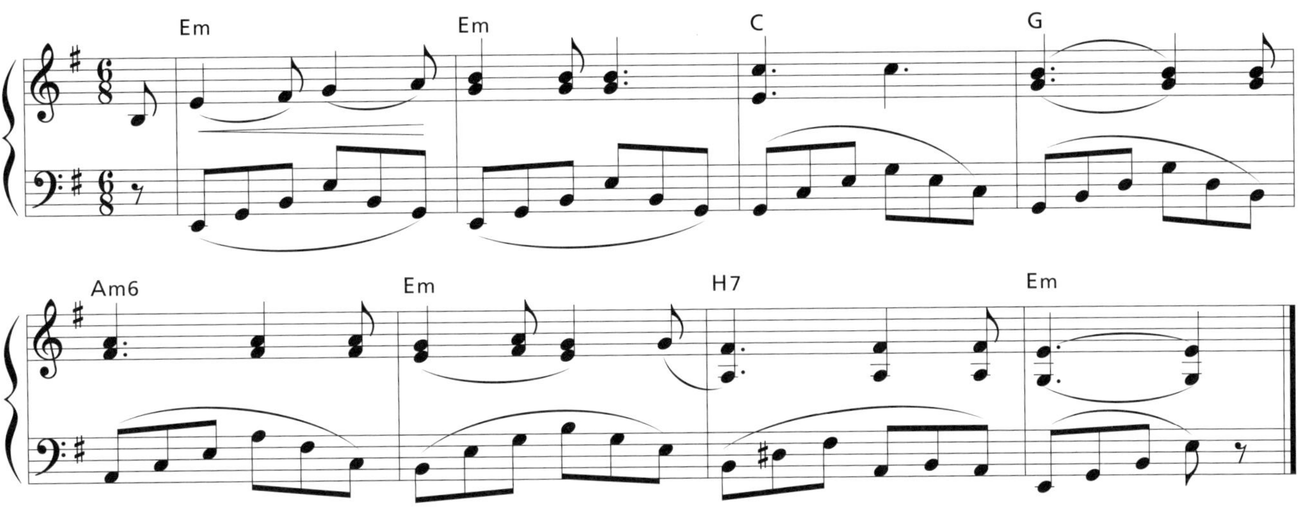

Mitspielsatz zu „**Das klinget so herrlich**"

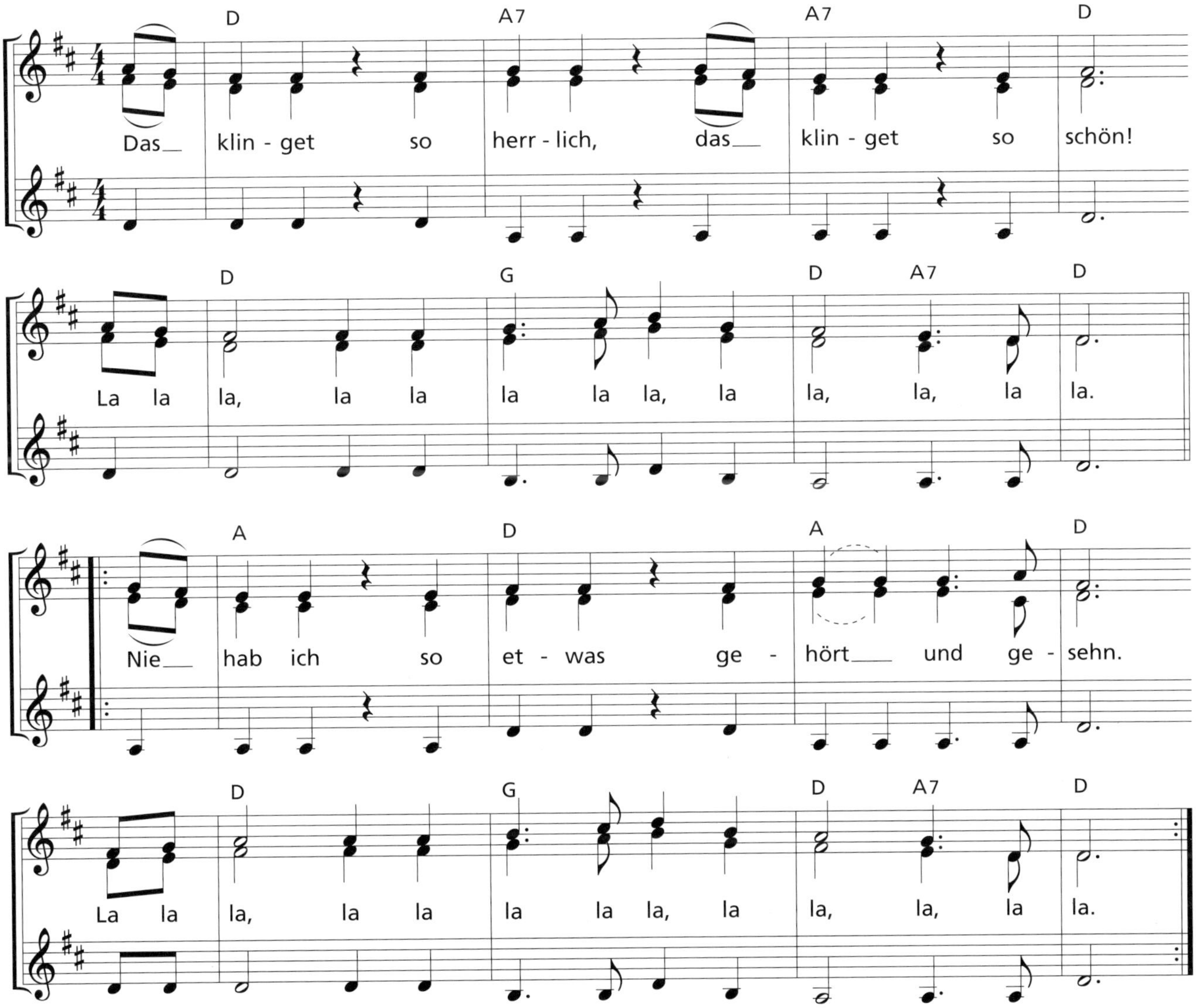
D
A7
A7
D
Das klin - get so herr - lich, das klin - get so schön!
D
G
D
A7
D
La la la, la la la la la, la la, la, la la.
A
D
A
D
Nie hab ich so et - was ge - hört und ge - sehn.
D
G
D
A7
D
La la la, la la la la la, la la, la, la la.

AB 18, S. 28

Eine Melodie transponieren

Lernziel
Die Schülerinnen und Schüler lernen, wie man mithilfe von *tabDo!* Noten für transponierende Instrumente umschreiben kann.

Zeitbedarf
1 Unterrichtsstunde

Vorbereitung
Hören der Eurovisionsmelodie (Beginn des „Te Deum" von Marc-Antoine Charpentier)

Zu den Arbeitsaufträgen
Lösung zu Aufgabe ②

Lösung zu Aufgabe ③

Es erklingt der Ton **B**, wenn ein Trompeter ein notiertes C spielt.

Deshalb heißen Klarinette oder Trompete auch B-Instrumente.

Lösung zu Aufgabe ④

Altsaxofon in Es (es erklingt ein Es), F-Waldhorn (es erklingt ein F) etc.

AB 19, S. 29

Melodiepuzzle

Lernziel
Die Schülerinnen und Schüler lernen die Lieder „Hejo, spann den Wagen an" und „Viel Glück und viel Segen" vertiefend kennen.

Zeitbedarf
1 Unterrichtsstunde

Vorbereitung
Singen der Lieder „Hejo, spann den Wagen an" und „Viel Glück und viel Segen"

Zu den Arbeitsaufträgen
Die Aufgaben sind in der Schwierigkeit aufsteigend angeordnet: Stehen in Aufgabe 1 die Rhythmusbausteine noch in der richtigen Reihenfolge, müssen in Aufgabe 2 sowohl die Solmisationssilbenkästen zugeordnet als auch die Rhythmusbausteine in die richtige Reihenfolge gebracht werden.

Lösung zu Aufgabe ①

Hejo, spann den Wagen an

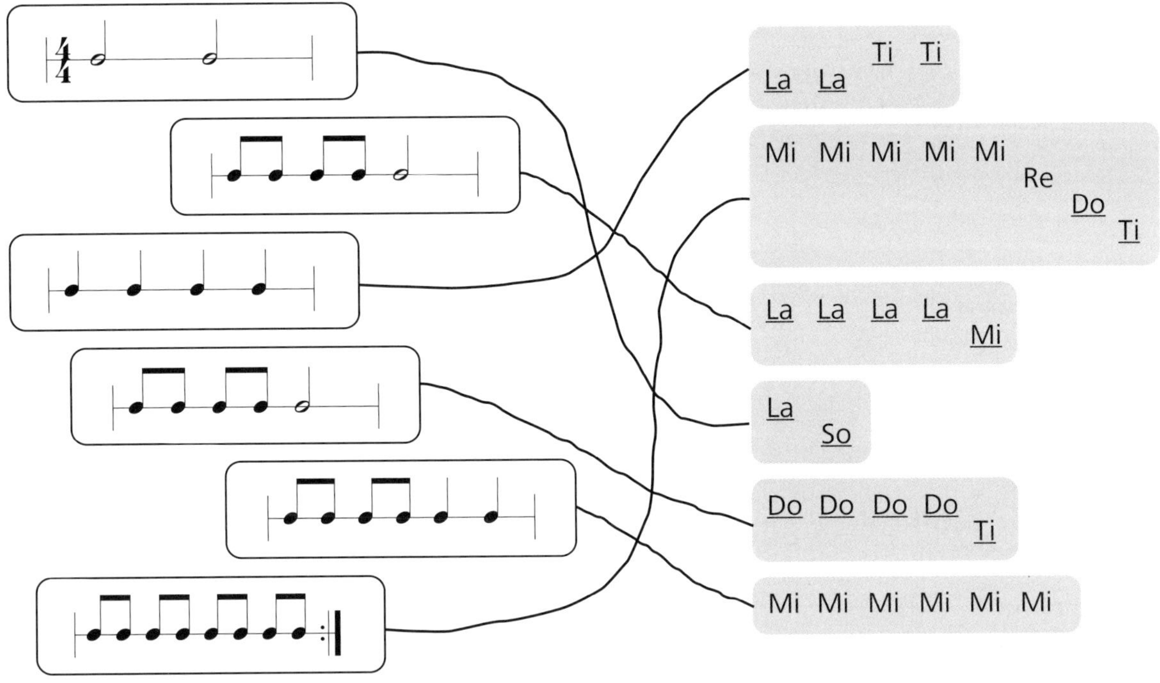

Lösung zu Aufgabe ②

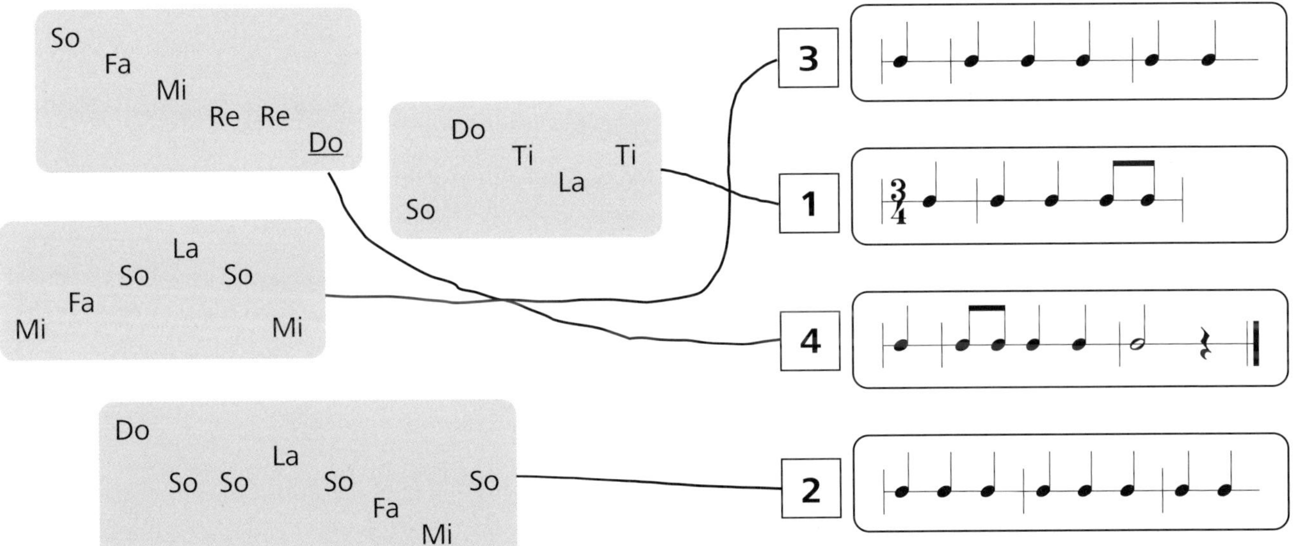

Klavierbegleitung zu „**Hejo, spann den Wagen an**"

Klavierbegleitung zu „**Viel Glück und viel Segen**"

Text u. Musik: W. Gneist

AB 20, S. 30

Lückenmelodie zu „Jingle Bells"

Lernziel

Die Schülerinnen und Schüler lernen anhand der Methode der „Lückenmelodie" eine leichtere Form des Nachbauens einer Melodie kennen. Sie müssen nicht alle Töne selbst herausfinden, sondern ergänzen nur die fehlenden Solmisationssilben, indem sie die Melodie aus dem Gedächtnis mit *tabDo!* nachspielen. Eine zusätzliche Herausforderung ist das Notieren der Tonhöhen mit Notenwerten im Fünfliniensystem.

Zeitbedarf

1 Unterrichtsstunde

Vorbereitung

Singen des Liedes „Jingle Bells"

Zu den Arbeitsaufträgen

Lösung zu Aufgabe ① und ②

Mi Mi Mi | Mi Mi Mi | Mi So Do Re | Mi
Jin - gle bells, | jin - gle bells, | jin - gle all the | way,

Fa Fa Fa Fa | Fa Mi Mi Mi Mi | Mi Re Re Mi | Re So
oh, what fun it | is to ride in a | one horse o - pen | sleigh. Hey!

Mi Mi Mi | Mi Mi Mi | Mi So Do Re | Mi
Jin - gle bells, | jin - gle bells, | jin - gle all the | way,

Fa Fa Fa Fa | Fa Mi Mi Mi Mi | So So Fa Re | Do
oh, what fun it | is to ride in a | one horse o - pen | sleigh.

Klaviersatz zu „**Jingle Bells**"

Klaviersatz: T. Müller

F | F | F | B | B | C | C7

F | F | F | F | B | B | C

C7 | F | F | F | F | F

C7 | F | G7 | C C7 | F | F

F | F | C7 | F | C7 | F

AB 21, S. 31

Lückenmelodie zu „My Bonnie Is Over the Ocean“

Lernziel

Die Schülerinnen und Schüler lernen anhand der Methode der „Lückenmelodie“ eine leichtere Form des Nachbauens einer Melodie kennen. Sie müssen nicht alle Töne selbst herausfinden, sondern ergänzen nur die fehlenden Solmisationssilben, indem sie die Melodie aus dem Gedächtnis mit *tabDo!* nachspielen. Eine zusätzliche Herausforderung ist das Notieren der Tonhöhen im Fünfliniensystem. An wenigen Stellen sind auch die Notenwerte nicht vorgegeben.

Zeitbedarf

1 Unterrichtsstunde

Vorbereitung

Singen des Liedes „My Bonnie Is Over the Ocean“ (ggf. im Rahmen einer Unterrichtssequenz über Shanties)

Zu den Arbeitsaufträgen

Lösung zu Aufgabe 1 und 2

Klaviersatz zu „My Bonnie"

Klaviersatz: T. Müller

AB 22, S. 32

Fehlermelodie „We Wish You a Merry Christmas"

Lernziel

Die Schülerinnen und Schüler lernen anhand der Methode der „Fehlermelodie" eine leichtere Form des Nachbauens einer Melodie kennen. Sie müssen nicht alle Töne selbst herausfinden, sondern erkennen hörend beim Spiel der vorgegebenen Melodie, welche Töne falsch sind und korrigieren diese.

Zeitbedarf

1 Unterrichtsstunde

Vorbereitung

Singen des Liedes „We Wish You a Merry Christmas" (ggf. im Rahmen einer Unterrichtssequenz über Weihnachtslieder)

Zu den Arbeitsaufträgen

Die Liederarbeitung zu „We Wish You a Merry Christmas" kann durch dieses Arbeitsblatt ergänzt werden.

Lösung zu Aufgabe (3)

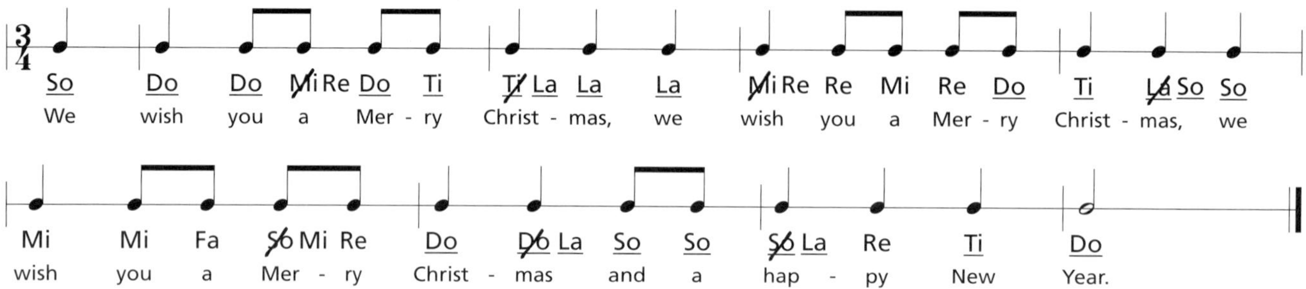

Klavierbegleitung zu „We Wish You a Merry Christmas"

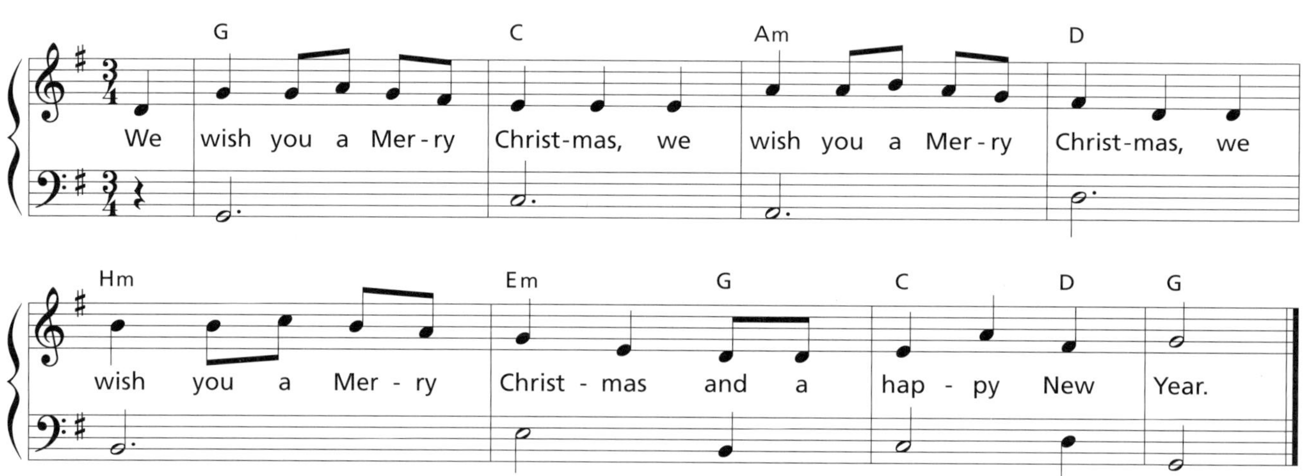

AB 23, S. 33

Fehlermelodie „I Like the Flowers"

Lernziel

Die Schülerinnen und Schüler lernen anhand der Methode der „Fehlermelodie" eine leichtere Form des Nachbauens einer Melodie kennen. Sie müssen nicht alle Töne selbst herausfinden, sondern erkennen hörend beim Spiel der vorgegebenen Melodie, welche Töne falsch sind und korrigieren diese.

Zeitbedarf

1 Unterrichtsstunde

Vorbereitung

Singen des Liedes, ggf. auch im Kanon

Zu den Arbeitsaufträgen

➥ Die Liederarbeitung zu „I Like the Flowers" kann durch dieses Arbeitsblatt ergänzt werden.

Lösung zu Aufgabe ③

Do Do Ti La Ti La Re Re Ti Do Ti La So
I like the flow - ers, I like the daf - fo - dils,
Mi Re Mi Re Do Do Fa Fa Mi Re Mi So Fa
I like the moun - tains, I like the rol - ling hills,
So So Mi Fa Mi Re Do Mi Fa Mi Re Do Ti
I like the fi - re - place, when the light is low.
Do Do Do Do Do La La La La So La Re Re Mi Re Re Re So So So La Ti
Don - di - li - e - ri, don - di - li - e - ri. Don - di - li - e - ri, don - di - li - e - ri.

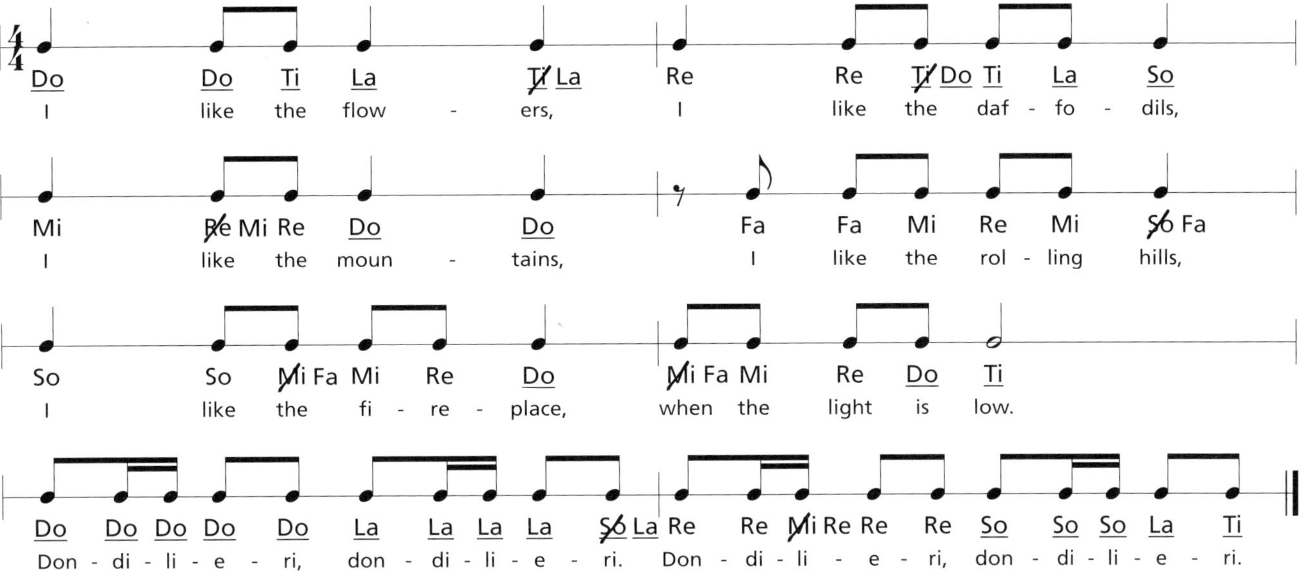

Klavierbegleitung zu „I Like the Flowers"

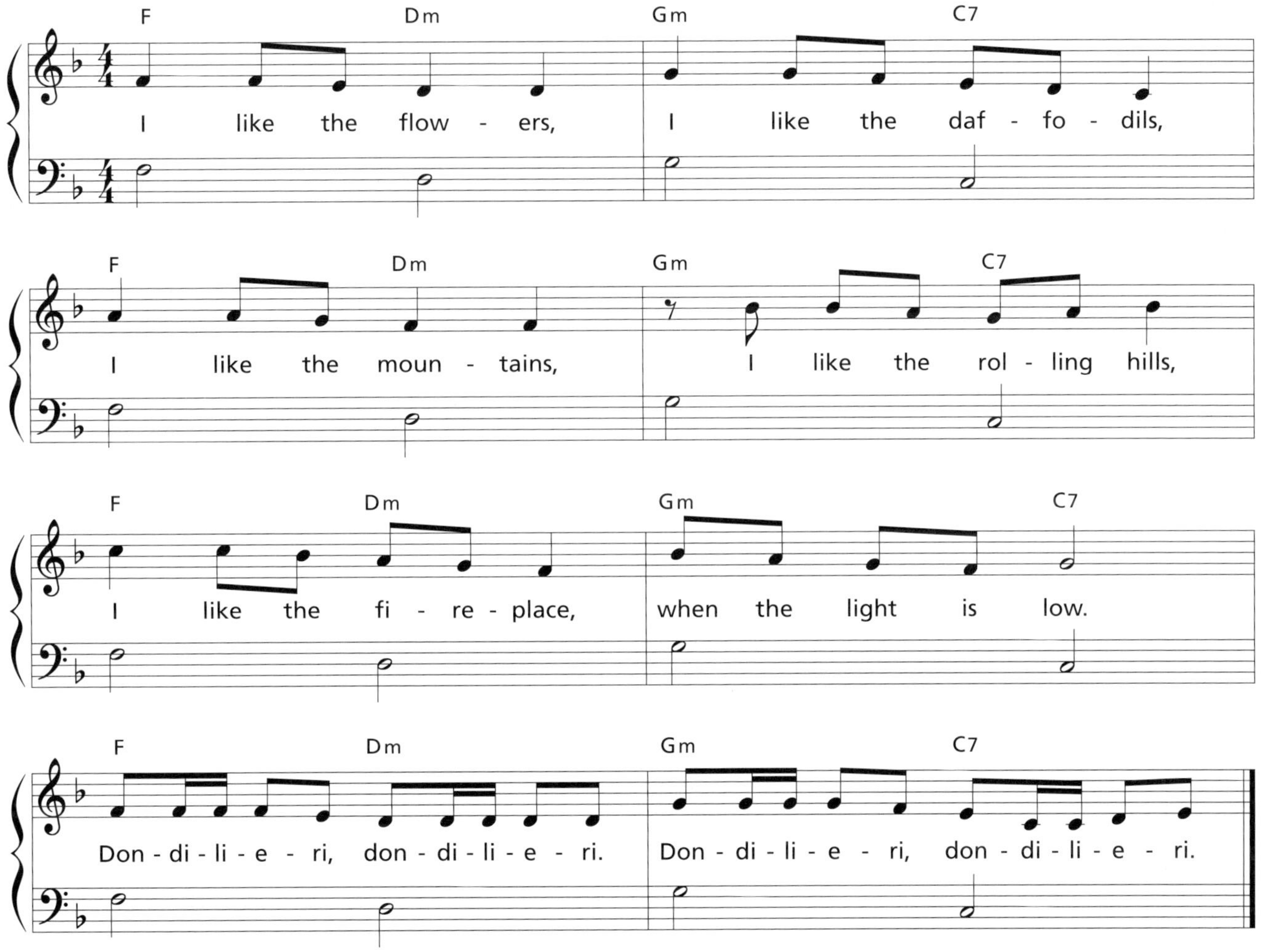

F Dm Gm C7
I like the flow - ers, I like the daf - fo - dils,
F Dm Gm C7
I like the moun - tains, I like the rol - ling hills,
F Dm Gm C7
I like the fi - re - place, when the light is low.
F Dm Gm C7
Don - di - li - e - ri, don - di - li - e - ri. Don - di - li - e - ri, don - di - li - e - ri.

AB 24, S. 34

Die Eurovisionsmelodie nachbauen

Lernziel
Die Schülerinnen und Schüler lernen, wie man die Melodie eines Liedes aus dem Gedächtnis mit *tabDo!* nachbaut und mithilfe von Solmisationssilben notiert. Gegeben ist dabei nur der Rhythmus des Liedes.

Zeitbedarf
1 Unterrichtsstunde

Vorbereitung
Hören der Eurovisionsmelodie (Beginn des „Te Deum" von Marc-Antoine Charpentier)

Zu den Arbeitsaufträgen
Wurde im Verlauf des Schuljahres bereits AB 18 bearbeitet, ist den Schülerinnen und Schülern der Beginn der Eurovisionsmelodie schon vertraut.

Lösung zu Aufgabe 1

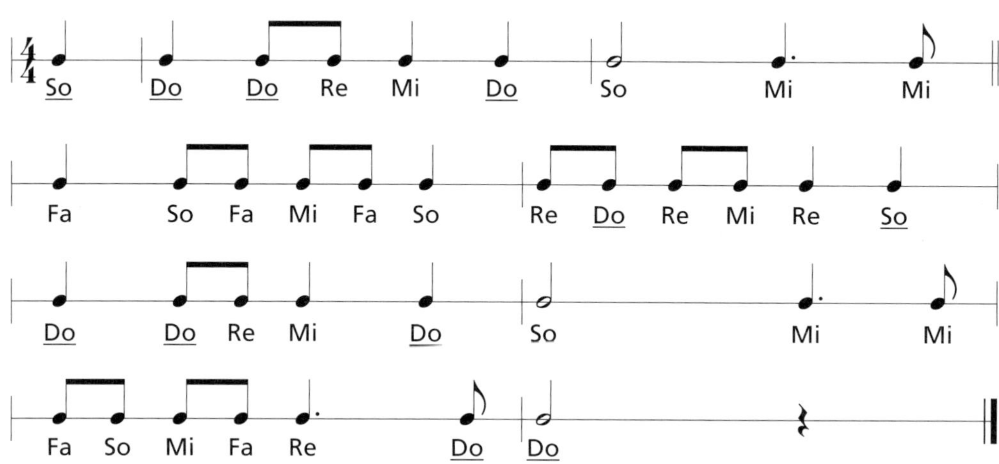

Mögliche Lösung zu Aufgabe 3

Do auf F eignet sich gut, da das untere So nicht zu tief wird.

Mögliche Lösung zu Aufgabe 4

1984: Do auf C, Tonart C-Dur

2021: Do auf D, Tonart D-Dur

Das gleiche Stück wurde im Lauf der Zeit in unterschiedlichen Tonarten gespielt. Mit *tabDo!* können die Schülerinnen und Schüler herausfinden, in welcher Tonart (zugrunde liegendes Do) die jeweilige Version erklingt.

Klaviersatz zu „Eurovisionsmelodie"

Klaviersatz: T. Müller

AB 25, S. 35

Die Europahymne nachbauen und ihre Form analysieren

Lernziel

Die Schülerinnen und Schüler lernen, wie man die Melodie eines Liedes aus dem Gedächtnis mit *tabDo!* nachbaut und mithilfe von Solmisationssilben notiert. Gegeben ist dabei nur der Rhythmus des Liedes. Außerdem werden Grundkenntnisse der dreiteiligen Liedform erarbeitet.

Zeitbedarf

1 Unterrichtsstunde

Vorbereitung

Singen der „Ode an die Freude"; Liedformen

Zu den Arbeitsaufträgen

Lösung zu Aufgabe ① und ②

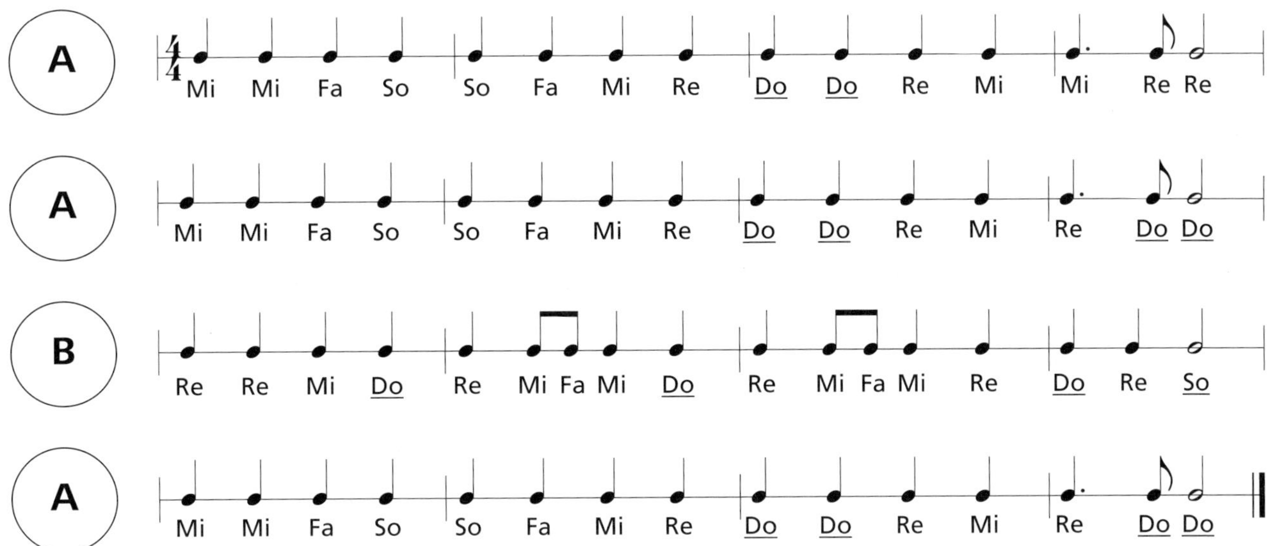

Lösung zu Aufgabe ③

A–A–B–A, dreiteilige Liedform

Lösung zu Aufgabe ④ und Klaviersatz zu „Europahymne"

Klaviersatz: W. Schmid

AB 26, S. 36/37

Kanon in Dur und Moll

Lernziel

Die Schülerinnen und Schüler lernen die Kompositionsprinzipien Echo und Kanon kennen.

Zeitbedarf

2 Unterrichtsstunden

Vorbereitung

Singen des Liedes „Bruder Jakob"; ggf. Bereitstellung eines ergänzenden Hörbeispiels für Aufgabe 9: Gustav Mahler: 1. Sinfonie, 3. Satz

Zu den Arbeitsaufträgen

Lösung zu Aufgabe 2 und 7

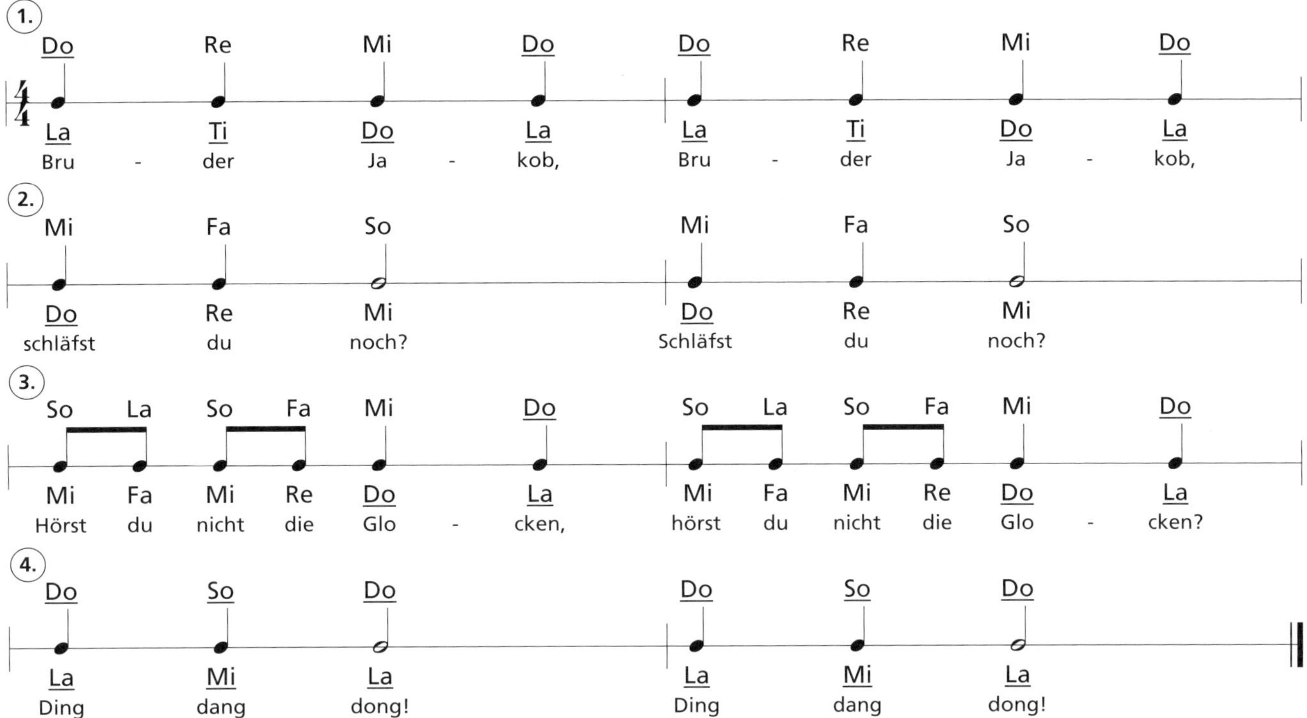

Leadsheet zu „**Bruder Jakob**“

Lösung zu Aufgabe 3

Der jeweils zweite Takt jeder Zeile ist die Wiederholung des jeweils ersten Taktes.

Lösung zu Aufgabe 4

Das Kompositionsprinzip heißt **Wiederholung.**

Lösung zu Aufgabe ⑥

Ein **Kanon** ist eine mehrstimmige Komposition, bei der eine **Stimme** nach der **anderen** einsetzt, wobei die erste Stimme von den anderen Stimmen **exakt** kopiert wird.

Lösung zu Aufgabe ⑨

Bruder Jakob in Moll wirkt eher traurig und geheimnisvoll.

An dieser Stelle bietet sich das Hören von Gustav Mahlers 1. Sinfonie, 3. Satz an, in dem die Mollvariante von „Bruder Jakob" in einer Art Trauermarsch verarbeitet wird. Gustav Mahler nimmt das Motiv „Bruder Jakob, Bruder Jakob, schläfst du noch" als musikalisches Zitat auf. Jedoch verfremdet er es, indem er Moll anstelle von Dur verwendet und es in den tiefen Stimmen des Orchesters platziert. Dies erzeugt u. a. eine düstere Stimmung.

AB 27, S. 38

Echo und Sequenz

Lernziel
Die Schülerinnen und Schüler lernen die Kompositionsprinzipien Echo und Sequenz kennen.

Zeitbedarf
1 Unterrichtsstunde

Vorbereitung
Höraufgaben mit Tonfolgen auf Solmisationssilben (wie z. B. auf AB 41, Höraufgaben mit *tabDo!*)

Zu den Arbeitsaufträgen

- Dieses Arbeitsblatt eignet sich z. B. für eine Unterrichtseinheit zu Johann Sebastian Bach. Es kann als Vorbereitung zum folgenden AB 28, „Imitationen und Sequenzen" dienen.
- Die Schülerinnen und Schüler notieren ihre Sequenz aus Aufgabe 5 mit Solmisationssilben ins Heft oder auf die Rückseite des Arbeitsblattes.

AB 28, S. 39

Imitationen und Sequenzen

Lernziel
Die Schülerinnen und Schüler lernen die Kompositionsprinzipien Imitation und Sequenz kennen.

Zeitbedarf
1 Unterrichtsstunde

Vorbereitung
Hören von J. S. Bachs Invention Nr. 1

Zu den Arbeitsaufträgen

- Dieses Arbeitsblatt eignet sich z. B. für eine Unterrichtseinheit zu Johann Sebastian Bach.
- Die Schülerinnen und Schüler notieren ihre Sequenz aus Aufgabe 6 auch ergänzend ins Heft oder auf die Rückseite des Arbeitsblattes. Aus dieser eigenen Inventio lässt sich eine eigene Komposition erstellen, die mithilfe eines Notationsprogramms hörbar gemacht wird. Darauf aufbauend ließe sich ein Kompositionswettbewerb durchführen.

Lösung zu Aufgabe ③

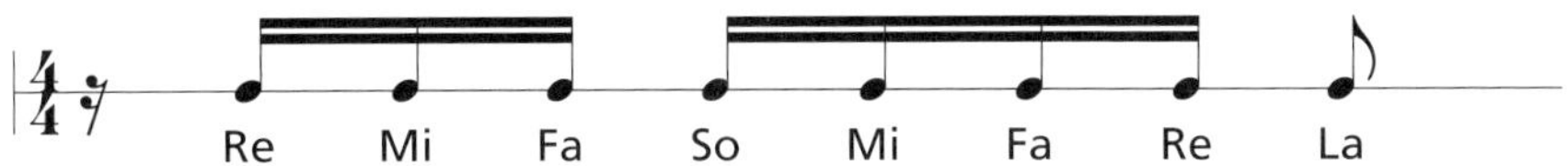

Lösung zu Aufgabe ④

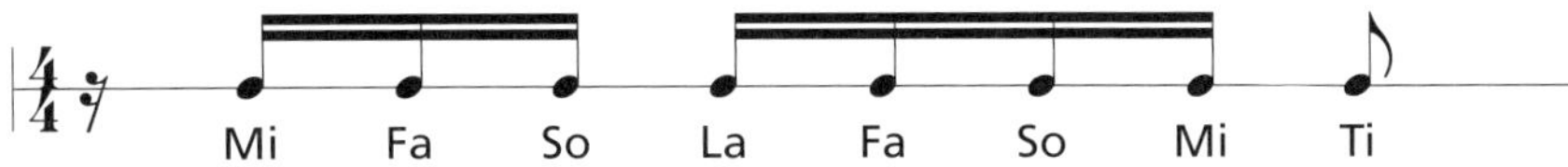

AB 29, S. 40

Improvisation zum Geburtstag

Lernziel
Die Schülerinnen und Schüler improvisieren mithilfe der Solmisationssilben mit *tabDo!* über den Rhythmus von „Happy Birthday".

Zeitbedarf
1 Unterrichtsstunde

Vorbereitung
Vorbereitung des Rhythmus von „Happy Birthday" (z. B. durch Klatschen)

Zu den Arbeitsaufträgen

- Wurde im Verlauf des Schuljahres bereits AB 2 bearbeitet, haben die Schülerinnen und Schüler die Melodie von „Happy Birthday" bereits umgebaut und können nun freier improvisieren.
- Die neu entstandenen Improvisationen zu „Happy Birthday" können die Ständchen für Geburtstagskinder in der Klasse ergänzen.

AB 30, S. 41

Vom Vor- zum Nachspiel

Lernziel
Die Schülerinnen und Schüler lernen, wie auf einfache Weise Vor-, Zwischen- und Nachspiele zu einem Lied gestaltet werden können, indem im Liedrhythmus mit *tabDo!* viertaktige Improvisationen erfunden werden.

Zeitbedarf
1 Unterrichtsstunde

Vorbereitung
Vorbereitung des Rhythmus von „Old Mac Donalds" (z. B. durch Klatschen)

Zu den Arbeitsaufträgen
- Improvisieren auf Level 2 eignet sich besonders gut, weil dort nur die Töne der Pentatonik spielbar sind. Da bei der pentatonischen Tonleiter die Halbtonschritte fehlen, klingen alle Töne in der Improvisation harmonisch.
- Die Vor- und Zwischenspiele sollten jeweils auf Do enden, denn dies ist der Anfangston der sich anschließenden Liedmelodie.
- Das Erfinden eines Liedtextes kann in unterschiedlichen Sprachen stattfinden.

AB 31, S. 42

Techniken der Improvisation

Lernziel
Die Schülerinnen und Schüler lernen Techniken der Improvisation kennen und üben diese anhand des Liedes „Oh When the Saints".

Zeitbedarf
1 Unterrichtsstunde

Vorbereitung
Singen des Liedes „Oh When the Saints"

Zu den Arbeitsaufträgen
Die Improvisationen können nach dem Üben mit *tabDo!* anschließend auf analoge Instrumente übertragen werden.

Mögliche Lösung zu Aufgabe 4

Herausforderungen beim Improvisieren sind z. B.: **im Takt zu bleiben, Wiedererkennung der Melodie, den Mut zu haben ohne Noten zu spielen**

Leadsheet zu „**Oh When the Saints**“

AB 32, S. 43

Kurze Texte vertonen: Sprücheklopfer

Lernziel

Die Schülerinnen und Schüler lernen mithilfe von *tabDo!* sinnvolle Melodien zu kurzen Sprüchen zu entwickeln.

Zeitbedarf

1 Unterrichtsstunde (ggf. Verzicht auf Aufgabe 4)

Vorbereitung

Üben der Sprüche gemeinsam oder allein

Zu den Arbeitsaufträgen

- ➥ Die Vertonungen können auch auf Tonhöhen mithilfe des Noten-Bildschirms übertragen werden.
- ➥ Durch die unterschiedlich schwierigen Rhythmen der Sprüche ist Binnendifferenzierung möglich.
- ➥ Ggf. ist die Vorgabe, die Melodie auf Do, Mi oder So zu beenden, sinnvoll, da sie zu einem befriedigerendem Ergebnis führt.

AB 33, S. 44

Ein Gedicht vertonen: CONRADs Reise

Lernziel
Die Schülerinnen und Schüler lernen ein Gedicht in Gruppenarbeit zu vertonen.

Zeitbedarf
2 Unterrichtsstunden (ggf. Verzicht auf Aufgabe 4)

Vorbereitung
Lesen des Gedichts; Einteilung der Klasse in fünf Gruppen; Hinweis, dass der Gedichttext auf die durchgezogene Linie notiert wird. Die kurzen Striche sind für die später zu notierenden Solmisationssilben gedacht.

Zu den Arbeitsaufträgen
Die eigenständigen Vertonungen der einzelnen Gedichtstrophen können anschließend im Gesamten aufgeführt werden.

AB 34, S. 45

Erste Schritte zum Songwriting

Lernziel
Die Schülerinnen und Schüler lernen einen Text zu einer vorgegebenen Akkordfolge zu rhythmisieren und später zu melodisieren. Ziel soll sein, dass später auch eigene Texte auf diese Weise verarbeitet werden.

Zeitbedarf
2 Unterrichtsstunden

Vorbereitung
Dreiklänge und einfache Kadenzbildung

Zu den Arbeitsaufträgen
Wenn zwei Tablets vorliegen, kann eine Person den Klang Bass und die andere den Klang Klavier für die Melodie einstellen. Wenn zwei Personen an einem Tablet spielen, verwendet man immer den Tonleiter-Bildschirm, und es kann nur der Klang Klavier eingestellt werden. Das bedeutet, dass alle Stimmen (Melodie und Bass) mit dem Klavier gespielt werden. Die Melodietöne würden mit dem Klang Bass (tiefere Oktavlage) ansonsten zu tief geraten.

AB 35, S. 46

Spielen mit der Pentatonik

Lernziel
Die Schülerinnen und Schüler lernen den Aufbau einer pentatonischen Tonleiter kennen und improvisieren mit deren Tonvorrat.

Zeitbedarf
1 Unterrichtsstunde

Vorbereitung
Voraussetzung ist der geübte Umgang mit Solmisationssilben; Singen des Liedes „Amazing Grace"

Zu den Arbeitsaufträgen
Die eigenständigen Vertonungen der Vor-, Zwischen- und Nachspiele aus Aufgabe 5 können anschließend mit der Klasse aufgeführt werden.

Lösung zu Aufgabe ②

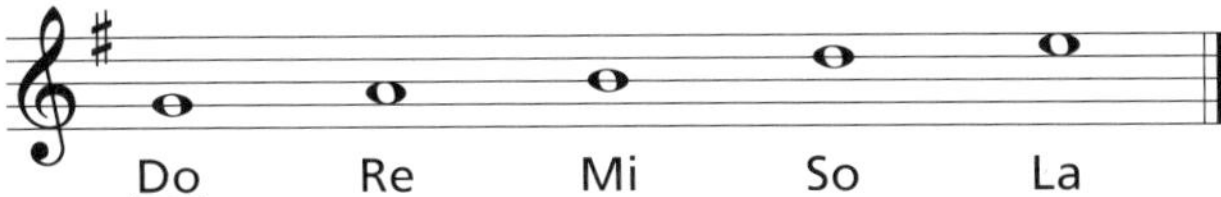

Lösung zu Aufgabe ③

Ergänze die Definition: Besteht ein Lied nur aus (griech. penta) **fünf** verschiedenen Tönen ohne **(die Halbton)schritte Mi-Fa** und **Ti-Do**, dann heißt die verwendete Tonleiter **Pentatonik**.

AB 36, S. 47

Dur- und Molltonleitern singen und spielen

Lernziel
Die Schülerinnen und Schüler singen vier Tonleitern mit unterschiedlichen Stimmbildungsübungen. Mit *tabDo!* wird kontrolliert, ob die Tonleitern richtig gesungen werden.

Zeitbedarf
2–4 Unterrichtsstunden

Vorbereitung
D-Dur-Tonleiter und h-Moll-Tonleitern (natürlich, harmonisch, melodisch)

Zu den Arbeitsaufträgen
- Die Silben Fi und Si sind auf der App *tabDo!* nicht angegeben, deshalb ist auf dem Arbeitsblatt eine Abbildung mit dem Tonleiter-Bildschirm abgedruckt, die die Position der beiden Töne in der App anzeigt.
- Es bietet sich an, dieses Arbeitsblatt immer wieder im Laufe des Schuljahres zu wiederholen.

AB 37, S. 48

Spielen mit der Chromatik

Lernziel
Die Schülerinnen und Schüler erarbeiten anhand der „Habanera“ aus der Oper „Carmen“ mit *tabDo!* Wirkung und Aufbau von Chromatik.

Zeitbedarf
1 Unterrichtsstunde

Vorbereitung
Hören bzw. Singen der „Habanera“; Notennamen

Zu den Arbeitsaufträgen

Lösung zu Aufgabe ②

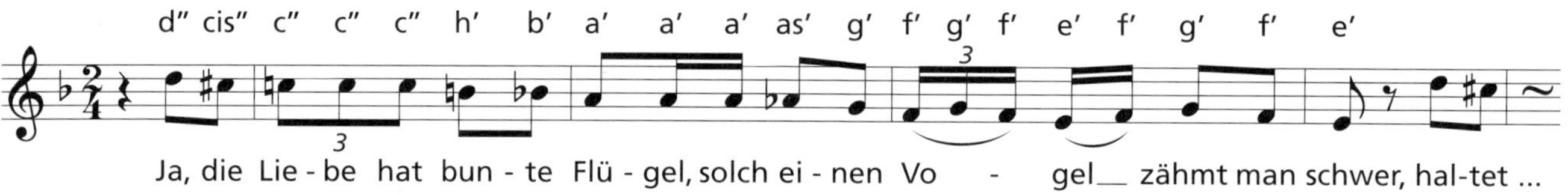

Ergänze: Die ersten Töne der „Habanera“ stammen aus einer **chromatischen** Tonleiter (griech. chroma = **Farbe**). Diese Tonleiter schreitet in lauter **Halbtonschritten** dahin. Bizet verwendet für „Carmen“ diese Tonleiter, z. B. als Symbol für die Liebe, die (wie die Tonleiter) **geheimnisvoll** wirkt.

Lösung zu Aufgabe ③

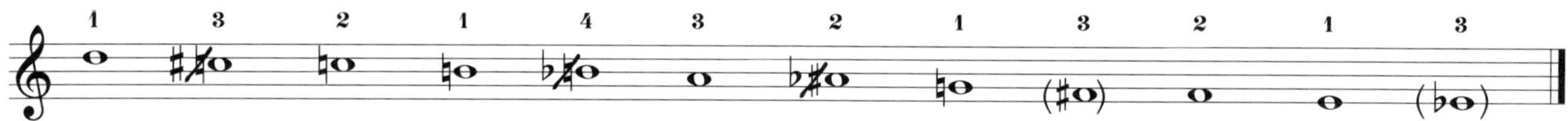

AB 38, S. 49

Spielen mit der Bluestonleiter

Lernziel
Die Schülerinnen und Schüler erarbeiten anhand des „Blües-chens“ Improvisationen und den Aufbau einer Bluestonleiter.

Zeitbedarf
1 Unterrichtsstunde

Vorbereitung
Singen des „Blües-chens“

Zu den Arbeitsaufträgen
Ggf. sollte vorab auf die Swingangabe hingewiesen und die sich daraus ergebende Spielweise geklärt werden.

Lösung zu Aufgabe ①

Lösung zu Aufgabe ②

Lösung zu Aufgabe ③

Ergänze: Eine Bluestonleiter besteht aus einer **Pentatonik** (Fünftonleiter, halbtonlos: La-Do, Re, Mi-So) und beginnt auf der Tonsilbe La. Sie kann weitere Töne (**Bluenotes**) enthalten, z. B. einen **Distanzton** zwischen **Re** und **Mi**.

AB 39, S. 50

Schlusswendungen (Klauseln)

Lernziel

Die Schülerinnen und Schüler lernen die Entstehung von Mehrstimmigkeit aus einstimmigen Melodielinien kennen. Sie übertragen die vorhandenen Klauseln in eine neue Tonart (Transposition).

Zeitbedarf

1 Unterrichtsstunde

Vorbereitung

Beschäftigung mit der frühen Mehrstimmigkeit; Hören von Musikstücken aus dieser Zeit; erste Kenntnisse mit Transposition

Zu den Arbeitsaufträgen

Bei diesem Arbeitsblatt kann der Basston auch mit dem Klang Bass gespielt werden, falls genug Tablets vorhanden sind, ansonsten mit dem Klaviersound am Noten-Bildschirm.

Lösung zu Aufgabe 4

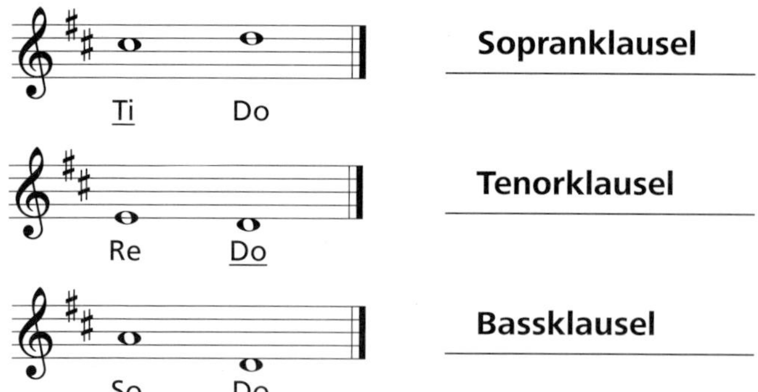

AB 40, S. 51

Kadenzen in Dur spielen

Lernziel

Die Schülerinnen und Schüler lernen erste Schritte im Singen von dreistimmigen Kadenzen. Darüber hinaus wenden sie die Stufentheorie an und transponieren eine Kadenz von C-Dur nach D-Dur.

Zeitbedarf

2 Unterrichtsstunden

Vorbereitung

Stufentheorie; Dreiklänge; einfache Kadenzbildung; erste Kenntnisse mit Transposition

Zu den Arbeitsaufträgen

Bei diesem Arbeitsblatt kann der Basston auch mit dem Klang Bass gespielt werden, falls genug Tablets vorhanden sind, ansonsten mit dem Klaviersound am Noten-Bildschirm.

Lösung zu Aufgabe 1

Lösung zu Aufgabe 3: Hauptstufen: **I = Do = C, IV = Fa = F, V = So = G**; Nebenstufe: **II = Re = D**

Lösung zu Aufgabe 4

AB 41, S. 52

Höraufgaben mit *tabDo!*

Lernziel

Die Schülerinnen und Schüler lernen Gehörbildungsaufgaben mithilfe von *tabDo!* auszuführen und selbst zu erstellen.

Zeitbedarf

1 Unterrichtsstunde

Vorbereitung

Unterscheidung 4/4- und 3/4-Takt; Kenntnis aller Solmisationssilben

Zu den Arbeitsaufträgen

Bei diesem Arbeitsblatt kann der Schwierigkeitsgrad anhand der Levels jeweils dem Lernniveau über alle Klassenstufen hinweg angepasst werden.

Weitere Materialien zur App *tabDo!*

Das Handbuch des App-Erfinders Herbert Schiffels
mit ausführlicher Anleitung und Ideen für Grundschule und Sekundarstufe

tabDo! Mit Melodien spielen
Ein App-gestützter Weg zur Musik

ISBN: 978-3-86227-433-8

Praxismaterial für die Grundschule von Herausgeberin und Autorin des Lehrwerks „Tipolino" Katrin-Uta Ringger und Herbert Schiffels
mit Arbeitsblättern zum Download

Tipolino trifft *tabDo!*
Ideen für den Einsatz der App *tabDo!* im Musikunterricht der Grundschule

ISBN: 978-3-86227-567-0

Impressum

Redaktion: Alexandra Nothacker
Umschlag: Inkje Dagny von Wurmb, Chris Günthner, Stuttgart
Umschlagmotive: Doris Eckert, Moritz Metzger, Thomas Müller, Oberstdorf
Layout und Satz: Inkje Dagny von Wurmb, Chris Günthner, Stuttgart
Notensatz: Silke Wittenberg, Musiknotensatz Bautzen
Filme (e-zone): Klasse 5a des Gertrud-von-le-Fort-Gymnasiums Oberstdorf (Lehrer: T. Müller)
Filmproduktion und Schnitt: Daniel Klein (wertach-TV), Wertach
Druck und Bindung: TZ-Verlag & Print GmbH, Roßdorf

ISBN 978-**3-86227-566**-3

Auflage A 1[1]/2023